Mal de Terre

Hubert Reeves
Frédéric Lenoir

Mal de Terre

ÉDITION AUGMENTÉE D'UNE POSTFACE

Éditions du Seuil

Ce livre est dédié à Camille Scoffier-Reeves, ma femme, avec un sentiment de grande reconnaissance pour sa précieuse contribution et son aide efficace à l'ensemble de mes écrits depuis vingt-cinq ans.

Je veux adresser mes plus chaleureux remerciements à Iolande Cadrin-Rossignol, Yves David, Nelly Boutinot, Priscilla Telmon, Robert Klapish, Yves Lancelot, Benoit Reeves, Yves Nifenaker, Christophe Aubel, Martin Aubel, Claude Buret, Roland Deleplace pour leur aide.

H. R.

ISBN 2-02-079064-5
(ISBN 2-02-053639-0, 1re publication)

www.seuil.com

Sommaire

L'avenir de la vie sur la Terre

> *« Le défi qui nous attend n'est rien
> d'autre que d'assurer la survie de
> l'humanité. »*
>
> M. Gorbatchev

*Frédéric Lenoir – Vous avez écrit de nombreux livres sur
l'histoire du cosmos. Pourquoi, aujourd'hui, quittez-vous les
étoiles pour parler de la planète Terre ?*

Hubert Reeves – Avant d'être un chercheur en astrophysique, je suis un habitant de la Terre et un citoyen du monde.
J'ai aussi des enfants, des petits-enfants, et des êtres qui me
sont chers. Or je suis extrêmement préoccupé par l'avenir
de l'homme sur notre planète. La vie a mis des milliards
d'années à se développer pour aboutir à cette extraordinaire
merveille qu'est le cerveau humain. Une fabuleuse odyssée
cosmique qui pourrait fort bien prendre fin par notre faute.

C'est une mise en garde ?

Oui ! La liste des menaces et des catastrophes écologiques est
connue et nous y reviendrons documents à l'appui tout au
long de ce livre. Mentionnons simplement : le réchauffement

de la planète, l'amincissement de la couche d'ozone, la pollution des sols, de l'air et de l'eau, l'épuisement des ressources naturelles, la disparition des forêts et des zones humides, l'extinction accélérée des espèces vivantes, l'accumulation démentielle de déchets chimiques et nucléaires. Notre planète est bien mal en point…

Crier au loup…

Il y a dans l'histoire une longue tradition de cassandres et de prophètes de malheurs. Ne craignez-vous pas d'être assimilé à ces annonciateurs d'apocalypse imminente ? Les cris d'alarme lancés aujourd'hui par vous et par d'autres ne sont-ils pas un couplet de plus dans cette longue litanie ? Sont-ils vraiment fondés sur des faits bien établis ?

C'est la question que nous devrons garder à l'esprit tout au long de ces chapitres. Nous essaierons d'estimer au plus juste le degré de crédibilité de ces assertions. Le devoir du scientifique est de jauger avec un esprit critique la mesure des menaces actuelles et de présenter les résultats et leurs éléments de preuve avec la plus grande prudence.

Nous ferons grand cas de ce qu'on appelle le « principe de précaution[1] ». Doit-on, en effet, attendre d'avoir la preuve complète et irréfutable de l'existence d'un danger pour le prendre au sérieux ? Si vous voyez de la fumée dans votre cuisine, vous vous alarmerez avant d'avoir la certitude absolue qu'il y a le feu…

Incidemment, on peut constater que les prévisions alarmistes du passé, même lorsqu'elles se sont révélées exagérées ou erronées, ont souvent joué un rôle utile. Leurs signaux d'alarme ont largement contribué à réduire l'ampleur des catastrophes annoncées[2].

Vous croyez vraiment que l'homme puisse provoquer des dérèglements tels que la vie soit un jour éradiquée sur terre ?

Il importe ici de distinguer le sort de l'humanité de celui de la vie tout entière. La vie, nous le savons maintenant, est d'une robustesse extraordinaire. Elle continuera à s'adapter et à foisonner comme elle le fait depuis quatre milliards d'années sous des formes d'une variété toujours époustouflante. Mais nous, les humains, sommes beaucoup, beaucoup plus fragiles. Notre survie dépendra des conditions futures à la surface de la planète.

Nous pouvons donc rendre la planète inhabitable pour nos descendants ?

Nous sommes engagés dans une gigantesque expérimentation sur le climat à l'échelle de la planète. Nous en observons les effets déjà bien visibles et nous surveillons avec angoisse ceux qui vont survenir. Personne ne peut prévoir quand cette expérimentation s'arrêtera, ni comment la biosphère se présentera alors.

Contrairement à l'expérimentateur scientifique, nous ne pouvons pas simplement arrêter le déroulement de l'expérience au cas où elle tournerait mal. Ni même fermer le labo et rentrer chez nous. Nous sommes dans l'éprouvette. Non seulement nous, mais aussi nos enfants et petits-enfants.

Le cataclysme humain

On peut faire une comparaison instructive entre la situation présente et une crise biologique qui a eu lieu il y a soixante-cinq millions d'années.

À cette époque, une météorite géante a frappé la Terre au Yucatán, une province du Mexique. Les effets de cette chute furent cataclysmiques. Le choc a dégagé une énergie comparable à celle de centaines de millions de bombes atomiques. On a d'excellentes raisons de penser que cette collision est responsable de la disparition des grands sauriens (tels que les fameux dinosaures) ainsi que de plus de 50 % des espèces vivantes[3]. Le phénomène fut très bref, quelques secondes pour le choc, quelques décennies pour les effets climatiques et biologiques. Fort heureusement pour nous, nos lointains ancêtres, de petits mammifères nocturnes, comme on en trouve aujourd'hui à Madagascar, ont survécu à la catastrophe. Par la suite, des changements radicaux se produisirent dans l'évolution de la vie. Les mammifères, qui existaient déjà depuis plus d'une centaine de millions d'années, connurent alors un épanouissement extraordinaire, qui a conduit en particulier à l'apparition des singes, des hominiens et d'*Homo sapiens* (nous-mêmes).

Les géologues appellent « ère secondaire » la période qui précède cet événement et « ère tertiaire » celle qui le suit. Cette distinction chronologique provient justement de la grande différence entre les fossiles avant et après cette date. Les géologues distinguent dans l'histoire du passé de la Terre cinq grands épisodes d'extinctions biologiques, la dernière en date étant celle des dinosaures[4].

12

Or nous vivons aujourd'hui des bouleversements dont les effets risquent d'être comparables à ceux qui conduisirent à ces changements d'ères géologiques. D'où le nom de « sixième extinction » souvent donné à la crise contemporaine.

Qu'est-ce qui vous permet de penser une chose pareille ?

Simplement le fait que nous vivons en ce moment une période de grande extinction des espèces vivantes. Les spécialistes estiment qu'aujourd'hui le taux de disparition annuel est mille fois plus rapide qu'avant l'ère industrielle et que plus de 30 % des espèces pourraient avoir disparu en 2050, sans aucune garantie que le phénomène s'arrête là (voir page 14, « Estimations du taux et de l'extension de l'extinction des espèces vivantes »).

Quelles sont les causes de cette crise contemporaine ?

Elles sont nombreuses mais se ramènent presque toujours plus ou moins directement à l'activité humaine. Nous les détaillerons tout au long de ce livre.

Effets visibles du réchauffement

L'une des manifestations les plus inquiétantes est le réchauffement de la planète et l'ensemble des perturbations climatiques qu'il entraîne. Voici une liste des phénomènes qui nous permettent de constater – ils sont évoqués régulièrement dans nos journaux et à la télévision – la réalité de ce réchauffement planétaire.

D'abord la décroissance rapide des surfaces glacées sur

ESTIMATIONS DU TAUX ET DE L'EXTENSION DE L'EXTINCTION DES ESPÈCES VIVANTES

Robert May, Oxford University et président de la Royal Society, dans un discours, en novembre 2001, à la conférence annuelle de la Society for Conservation Biology : « Le taux d'extinction des espèces s'est accéléré pendant les cent dernières années, pour atteindre à peu près mille fois ce qu'il était avant l'arrivée des humains. »

E. O Wilson, Harvard University (un des plus éminents biologistes de notre époque), dans *The Diversity of Life* : « On estime aujourd'hui que entre 1 et 10 % des espèces sont éliminés à chaque décennie, soit environ 27 000 chaque année. »

Michael Novacek, American Museum of Natural History de New York : « Il n'est pas irréaliste de prévoir que nous aurons exterminé la moitié de toutes les espèces vivantes au milieu du XXIe siècle. »

En 1998, une enquête parmi les biologistes a montré que 70 % d'entre eux croient qu'une extinction massive est en cours. Un tiers s'attend à perdre de 10 % à 50 % des espèces dans les trente prochaines années.

Selon le Programme des Nations unies pour l'environnement (PNUE) : près de 25 % des mammifères (1 130 espèces) et 12 % des espèces d'oiseaux sont menacés d'extinction. (Source : *Scientific American*, novembre 2001.)

notre planète[5]. L'extension de la couche neigeuse a diminué de 10 % depuis la fin des années 1960 et, dans le même temps, la durée de gel des lacs et des rivières a été réduite en moyenne de deux semaines. Dans l'hémisphère Nord, l'extension de la glace de mer au printemps et en été a été réduite de 15 %. La fréquence des froids extrêmes a diminué de 2 %, alors que les vagues de chaleur ont connu une augmentation plus modérée.

Les sous-marins qui passent sous le pôle Nord ont constaté une diminution de 40 % de l'épaisseur de la banquise, tandis que des icebergs de la dimension d'un département français se décrochent de l'Antarctique et viennent fondre dans l'océan. Les fronts des glaciers remontent rapidement vers les sommets des montagnes. Comparez les photos de Chamonix au début du XXe siècle avec celles d'aujourd'hui *(planche I)*. La fonte des glaces menace de nombreuses zones habitées, en particulier dans l'Himalaya. Les neiges éternelles du Kilimandjaro *(planche II)*, si impressionnantes au-dessus des troupeaux d'éléphants du Kenya, fondent à vue d'œil et pourraient ne plus exister dans vingt ans.

Plus spectaculaire encore, la multiplication des événements climatiques d'une violence exceptionnelle : inondations, tempêtes et sécheresses. Nous avons tous le souvenir de celle du 26 décembre 1999. Le nombre et le coût des catastrophes naturelles, dans le monde entier, se sont énormément accrus. Les coûts grimpent non seulement à cause de la fréquence et de la gravité croissantes des catastrophes naturelles, mais aussi parce que les gens ont de plus en plus tendance à habiter dans des zones à risque élevé. Le nombre annuel d'inondations et de cyclones a quintuplé entre 1950 et aujourd'hui[6]. Il est passé de vingt en 1950 à quatre-vingt-dix dans les années 1990.

Signalons également un phénomène que tous les amateurs de nature auront constaté dans leur jardin et dans la forêt : la réponse adaptative des vivants à cette augmentation de température. Le retour des migrateurs, la ponte des œufs des oiseaux et l'apparition de la végétation se font nettement plus tôt. En Méditerranée, les bourgeons des arbres feuillus s'ouvrent seize jours plus tôt et les feuilles tombent treize jours plus tard qu'il y a cinquante ans[7].

Causes et ampleur du réchauffement

Ce réchauffement incontestable est-il forcément lié à l'activité humaine ? Ne s'agit-il pas d'une variation temporaire provoquée par des phénomènes naturels ?

C'est évidemment une question cruciale !

Les géologues nous ont appris que la Terre a connu de nombreuses variations de température dans le passé : une longue succession de périodes glaciaires et de périodes chaudes. On peut se poser la question : ne s'agit-il pas d'une simple anecdote de ce cycle millénaire ?

Les inquiétudes commencent vers 1980 quand James Hansen, de la Nasa, sur la base de modèles atmosphériques élaborés sur ordinateurs, arrive à la conclusion que l'émission de CO_2 et d'autres gaz par la combustion du pétrole, du charbon et du gaz naturel augmente effectivement la température du globe. Cette information crée une grande effervescence dans le monde de l'économie. Elle est immédiatement contestée par les ingénieurs des compagnies pétrolières (surtout les firmes texanes et saoudiennes), pour qui les variations climatiques relèveraient de causes purement naturelles. L'industrie, selon eux, n'y jouerait qu'un rôle négligeable.

Mais l'alerte est donnée. Les Nations unies nomment alors une commission, l'IPCC (International Panel on Climate Change), pour étudier cette question. On y rassemble plus de deux mille cinq cents spécialistes du monde entier. Leurs rapports sont ensuite revus par d'autres scientifiques et encore revus au moment des séances plénières de l'ONU.

En 1995, l'IPCC énonce très prudemment ses premières conclusions, par les mots suivants : « Le poids des évidences suggère une influence perceptible de l'activité humaine sur le climat global. » En 2001, L'IPCC va plus loin : « Il y a des évidences nouvelles et plus fortes montrant que le réchauffement des cinquante dernières années est dû à l'activité humaine[8]. » En mai 2002, ces mêmes conclusions sont corroborées par un rapport des Nations unies après une étude regroupant encore les travaux de plus de mille scientifiques[9].

Il serait extrêmement imprudent de ne pas prendre ces conclusions très au sérieux. Ici le principe de précaution s'impose de façon impérative.

Pouvons-nous évaluer l'ampleur du réchauffement ?

Là aussi, les réponses restent incertaines à cause de la difficulté à évaluer les températures du passé. Pourtant de nombreuses méthodes se recoupent et montrent que la température moyenne de la Terre s'est accrue de presque 1 °C depuis le début du XXe siècle. Elle a pris un rythme de croissance particulièrement rapide depuis 1990 et ne donne aucun signe de stabilisation[10].

Nous jouons les apprentis sorciers. Nous avons fait démarrer le processus et nous nous demandons comment l'arrêter…

Peut-on au moins estimer l'avenir au moyen de modèles numériques d'atmosphère sur ordinateur ?

Bon nombre de chercheurs scientifiques, en particulier ceux de l'IPCC, s'y activent. Encore une fois, les réponses restent incertaines à cause des difficultés inhérentes à la climatologie – comme on le constate avec les prévisions météorologiques[11]. Les estimations, selon les scénarios de comportement des humains, vont de 1,5 à 5 °C et plus pour la fin du XXIe siècle. Selon de nombreux climatologues, la situation est déjà si fortement dégradée que, même si on parvenait à limiter rapidement et suffisamment les émissions de CO_2, il faudrait plus d'un siècle pour arrêter le réchauffement.

Comment ce réchauffement pourrait-il conduire à une catastrophe aussi menaçante pour l'homme ? La Terre a connu d'autres réchauffements dans le passé…

Une différence de seulement quelques degrés n'est pas un changement mineur, loin s'en faut. Lors de la dernière glaciation, avec 5 °C en moins, le niveau de la mer avait baissé de 120 mètres environ (on passait à pied sec de France en Angleterre). Le Canada et l'Europe du Nord étaient recouverts de glaciers de plusieurs kilomètres d'épaisseur, comme le Groenland et l'Antarctique aujourd'hui.

Les jeux pervers du gaz carbonique, de la vapeur d'eau et du méthane

Ce réchauffement pourrait se poursuivre bien au-delà du prochain siècle. D'une part, l'émission de gaz carbonique pourrait continuer jusqu'à l'épuisement des énergies fossiles, en particulier du charbon, dont il reste encore d'abondantes réserves. D'autre part, un ensemble de phénomènes liés à d'autres gaz (appelés gaz à effet de serre – GES –, nous y reviendrons au chapitre 1), comme la vapeur d'eau et le méthane, pourrait encore intensifier le réchauffement.

Voici brièvement la situation. L'accroissement de la température a pour résultat d'augmenter l'évaporation de l'eau océanique. La vapeur d'eau dégagée contribue elle-même à augmenter la température, qui, à son tour, accélère l'évaporation, ce qu'on appelle un effet « boule de neige ». Le phénomène peut s'emballer et se poursuivre encore longtemps.

Et là se présente le personnage le plus menaçant, le dragon endormi sous les neiges polaires, qu'il vaudrait mieux ne jamais réveiller : c'est le méthane. Le permafrost couvre d'immenses régions des hautes latitudes (Sibérie, Canada) dont le sous-sol est gelé en permanence : l'été ne dure pas assez longtemps pour le faire fondre. De gigantesques quantités (note 1 du chapitre 1) de méthane sont séquestrées dans les mailles cristallines de la glace. Or ce méthane est un gaz à effet de serre plusieurs dizaines de fois plus efficace que le CO_2 pour réchauffer l'atmosphère.

Le méthane contribue déjà pour plus de 5 % à l'effet de serre, et ce facteur s'amplifie rapidement. Libéré par la fonte accélérée du permafrost, sous l'effet du réchauffement, il pourrait apporter une contribution majeure et provoquer, en association avec le CO_2 et la vapeur d'eau, un emballement du système jusqu'à atteindre des températures très élevées.

Mais, empressons-nous de le redire, il ne nous est pas possible aujourd'hui, tant par notre faible connaissance des phénomènes météorologiques que par nos moyens de calcul insuffisants, de prédire jusqu'à quelle température la surface du globe pourrait être portée par ces phénomènes. Des contre-effets peuvent survenir et inverser la course de la température[12]. Une seule chose est claire, nous naviguons en eaux troubles et très vraisemblablement de plus en plus chaudes…

Le vrai problème, en fait, est la vitesse à laquelle ces processus se réalisent. C'est là, en effet, le nœud du problème contemporain. Nous y reviendrons souvent.

Trois scénarios catastrophes

Pour illustrer la situation, imaginons une histoire. Un homme est atteint d'un cancer. Sous-évaluant la gravité de son cas, il refuse de se soumettre aux traitements habituels. Pour le convaincre, le médecin entreprend de lui décrire les scénarios catastrophes qui risquent de se réaliser s'il ne se laisse pas soigner. Il décidera alors de son comportement en connaissance de cause. Bien sûr, rien n'est certain, il arrive que des cancers évoluent d'une façon tout à fait inattendue et guérissent d'eux-mêmes. Toujours le principe de précaution…

Nous allons procéder de la même façon avec notre patiente, la planète Terre, qui souffre d'une forte fièvre. Les thermomètres indiquent que la température monte, monte… D'où les questions critiques : jusqu'à quelle température la biosphère sera-t-elle portée dans le futur ? et quels pourraient en être les effets sur la biosphère ? Selon la température maximale atteinte, on peut établir trois scénarios différents.

Scénario Désert

Appelons le premier scénario le « scénario Désert ». Il se rapporte à l'aspect de la Terre si, au-delà de l'an 2100, la température montait encore d'une dizaine de degrés.

Les étendues désertiques, déjà en expansion rapide, prendraient des proportions toujours plus grandes au détriment des surfaces arables. On assisterait sans doute alors à une migration massive de la faune et de la flore vers les régions polaires, où la température resterait acceptable. Seules les espèces adaptées aux climats désertiques (insectes, plantes résistantes) continueraient à survivre aux latitudes plus basses. La transition serait vraisemblablement trop rapide pour permettre à la grande majorité des animaux et des végétaux de s'adapter. Ce n'est qu'au prix d'une climatisation forcenée que quelques humains privilégiés y parviendraient.

Par ailleurs, la dilatation thermique de l'eau, associée à la fonte des glaces du Groenland et de l'Antarctique, pourrait élever le niveau des océans de plusieurs mètres, inondant les villes côtières et de larges étendues continentales de basse altitude, réduisant encore plus les surfaces habitables (*figure 0.1*).

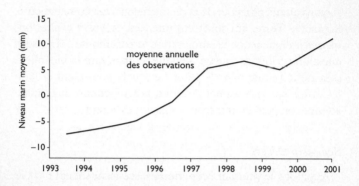

Figure 0.1. Élévation du niveau moyen de l'océan entre 1993 et 2001 (environ 2 centimètres) mesurée par le satellite Topex-Poseidon. Cette élévation provient presque entièrement de l'expansion du volume de l'eau provoquée par le réchauffement climatique. La fonte des glaces continentales y contribue également, mais très peu.

Scénario Geyser

Imaginons maintenant que, sous l'influence synergique des gaz à effet de serre, la température augmente encore de plusieurs dizaines de degrés. Disons jusqu'à 60 ou 70 °C. Il est clair que tous les organismes pluricellulaires (animaux, plantes) seraient voués à une mort quasi certaine. Même les insectes. La fraction des espèces exterminées dépasserait celle de toutes les extinctions antérieures.

Une exception notable : la vie bactérienne. Son extraordinaire robustesse est l'une des grandes découvertes de la biologie contemporaine. On appelle « extrémophiles[13] » des variétés de bactéries capables de vivre dans des conditions stupéfiantes. Dans les milieux les plus acides, les plus alcalins, les plus salins, les plus intensément radioactifs. À des températures voisines du point d'ébullition de l'eau (100 °C) ou celui du gel (0 °C).

Les eaux bouillantes éjectées sporadiquement par les geysers en Islande retombent dans des étangs bleutés où foisonnent d'importantes colonies d'algues bleues, vraisemblablement les premiers êtres vivants apparus sur notre planète. Elles nous donnent une bonne représentation de la vie terrestre primitive et de son épanouissement pendant ses trois premiers milliards d'années d'existence. C'est le « scénario Geyser ».

Nous y retrouverions l'état de la vie terrestre telle qu'elle était vraisemblablement avant l'apparition des premiers organismes composés de plusieurs cellules (plantes et animaux). Chronologiquement, nous reculerions d'environ un milliard d'années dans l'histoire de la biologie. Dans cette hypothèse, l'agression humaine aura réussi ce qu'à notre connaissance aucune autre activité géologique ou astronomique n'est parvenue à réaliser : ramener la vie à sa forme bactérienne, unicellulaire.

Et ensuite, que se passerait-il ?

On peut essayer de l'imaginer à partir de nos connaissances du passé. La nouvelle ère géologique qui débuterait serait alors vraisemblablement marquée par une évolution biologique de ces cellules primitives, plus ou moins analogue à celle d'il y a un milliard d'années. On peut concevoir que, selon les processus habituels du schéma darwinien, elles développeraient au cours des âges des techniques adaptatives de plus en plus complexes et efficaces. Toujours par analogie avec l'histoire ancienne, les êtres vivants unicellulaires pourraient à nouveau se fédérer pour former des organismes complexes, sans doute superficiellement différents de ceux des ères précédentes, mais acquérant néanmoins des attributs plus ou moins semblables : des organes sensoriels, des systèmes respiratoires digestifs et reproductifs, des capacités techniques… Qui sait ?

L'homme réapparaîtrait peut-être sur la Terre après une longue éclipse…

… et se retrouverait vraisemblablement devant le même problème ! La vie terrestre a mis près d'un milliard d'années pour passer des cellules individuelles au niveau des primates, mais le Soleil durera encore près de cinq milliards d'années avant de vaporiser les planètes. À l'échelle cosmique, on aurait encore le temps de rejouer le même scénario !

Scénario Vénus

Vous parliez d'un troisième scénario associé, je suppose, à une augmentation encore supérieure de la température. J'imagine qu'il est plus catastrophique que les précédents !

Oui, ici on suppose le pire. On parlerait dans cette situation de températures nettement supérieures à 100 °C. Même les plus robustes extrémophiles seraient vraisemblablement incapables de résister.

Nous l'appellerons le « scénario Vénus ». Nous l'avons

sous les yeux quand nous admirons la magnifique étoile du Berger briller dans le ciel du soir ou du matin. Mais son éclat nous envoie un sombre message, un avertissement dramatique. Vénus est stérile. Observée de près par les sondes spatiales, sa surface est un enfer. La température y est de 460 °C. Il y pleut de l'acide sulfurique *(planche III)*.

Pourtant, Vénus est en quelque sorte la jumelle de la Terre. Leur masse, leur distance au Soleil et leur quantité de carbone ne sont pas très différentes. Mais la composition de leur atmosphère l'est radicalement. L'atmosphère de Vénus, composée de gaz carbonique, est responsable de ce gigantesque effet de serre. Aucune vie, telle que nous la connaissons, n'y est possible [14].

Une situation analogue pourrait-elle se produire sur la Terre ?

À la lumière de nos connaissances présentes, cela semble peu probable. Mais dans notre ignorance de l'interaction des facteurs en cause, bien téméraire serait celui qui prétendrait l'exclure définitivement. Rappelons que dans notre exploration nous avons accepté le jeu du pire. Le scénario Vénus correspondrait à un recul de quatre milliards d'années dans le développement de la complexité cosmique sur notre planète. Nous retrouverions la Terre telle qu'elle était dans ses premières centaines de millions d'années, avant qu'une nappe liquide ne s'y dépose, avant les premières réactions moléculaires qui ont amorcé le processus extraordinaire et encore largement incompris de l'apparition de la vie terrestre, avant les premières cellules vivantes qui ont régné sur la planète pendant plus de trois milliards d'années.

La vie pourrait-elle rejouer son numéro à la fin de cette crise ?

Elle l'a déjà fait une fois. Peut-être le referait-elle une fois de plus…

Jusqu'à l'apparition des plantes et des animaux ?

Qui sait ? Mais cette fois, à cause du vieillissement du Soleil, le temps lui serait compté.

Voilà les trois scénarios auxquels notre planète malade se trouve confrontée si l'on ne met pas tout en œuvre pour stopper l'augmentation de la température de l'atmosphère terrestre. Tout cela, je le répète encore, est inclus dans le domaine du possible.

Pour vous, l'homme a encore le choix d'éviter un basculement dans un processus dramatique d'emballement de l'effet de serre ?

Je l'espère et au fond je le crois, même si nous n'en savons trop rien. Il est urgent d'agir si nous voulons donner le maximum de chances à l'humanité de continuer son extraordinaire aventure sur la Terre.

« Protéger l'environnement coûte cher.
Ne rien faire coûtera beaucoup plus cher. »
(Kofi Annan.)

Freiner la température

Nous sommes confrontés à la question cruciale : qu'est-ce qui pourrait arrêter ce réchauffement déjà vigoureusement amorcé par l'activité humaine ? Il y a deux possibilités : l'une pessimiste, l'autre optimiste.

Commençons par la pessimiste.

Puisque le réchauffement est dû à l'activité humaine, on peut supposer que la disparition de cette espèce – ou son affaiblissement majeur [15] – arrêterait le réchauffement. (Encore qu'on ne puisse pas ignorer la possibilité d'un emballement qui pourrait se poursuivre encore longtemps.) Cela signifie simplement que nous aurions fait les frais de la crise et que nous serions absents lors de la prochaine ère. Tout comme les dinosaures après la chute de la météorite du Mexique, il y a soixante-cinq millions d'années. À la différence qu'eux n'y étaient pour rien.

La nature, comme on dit, ne fait pas de cadeau. Aucune espèce n'est à l'abri de l'extinction. Des millions d'espèces sont nées, ont vécu et ont disparu de la planète depuis les débuts de la vie terrestre. La vie a continué sans elles. Cela s'inscrit on ne peut plus normalement dans l'évolution biologique de notre planète.

Le critère de permanence est simple : survivent les espèces qui établissent un rapport harmonieux avec leur environnement, avec l'écosystème où elles sont inscrites. Il faut un bon rapport d'échange : donner et recevoir.

Mon exemple préféré est celui de la tortue. Regardez-la venir de son pas tranquille. Elle existe depuis près de trois cents millions d'années et n'est menacée par rien, sauf par les humains.

Selon ce critère d'harmonie avec la biosphère, nous sommes nettement au dernier rang du palmarès. On a pu dire avec raison que la Terre est infestée d'êtres humains (infiniment plus néfastes que les requins).

> Une planète saine rencontre une planète malade : « Qu'est-ce qui t'arrive ? – Ne m'en parle pas, j'ai attrapé l'humanité ! – Rassure-toi, j'ai eu cette infection, moi aussi. Figure-toi, ma chère, que cette maladie s'autodissout. Ça part tout seul ! »

Et la solution optimiste ?

C'est celle que nous appelons de tous nos vœux et pour laquelle tant de gens se mobilisent aujourd'hui. C'est un assagissement à l'échelle planétaire d'une humanité enfin responsable et résolue à mettre un terme à la détérioration de son habitat et au réchauffement de l'atmosphère.

Tout au long de ce livre, après avoir décrit le plus objectivement possible l'état de la planète, nous essaierons de mettre en évidence les progrès déjà accomplis et les différentes démarches pratiques qui pourraient nous permettre d'atteindre notre objectif.

La tâche sera longue, ardue, coûteuse et pleine d'embûches. Des initiatives apparemment bénéfiques pourraient ne pas avoir le résultat escompté. Il faudra naviguer à vue, au plus près, et montrer une extrême vigilance face à nos démarches. Encore une fois, nous entrons dans une zone de navigation hautement périlleuse.

Nous serons encouragés par le fait que des résultats concrets ont déjà été obtenus quand des scientifiques, des industriels et des gouvernements se sont mis d'accord pour reconnaître l'existence d'un problème et entreprendre de le résoudre à l'échelle internationale. Deux exemples : le trou dans la couche d'ozone et les pluies acides. Non que ces problèmes soient complètement résolus (nous en reparlerons plus loin), mais d'indéniables progrès ont été accomplis.

Cette entente tripartite (scientifiques, industriels, gouvernements) est certainement l'ingrédient essentiel à toute récupération planétaire sans laquelle rien ne changera. Le but des mouvements environnementalistes doit être de faire advenir de telles ententes le plus rapidement possible.

Contestation des thèses écologiques

Plusieurs auteurs ou groupements se sont élevés pour contester la gravité de la situation.

Reconnaissons d'abord l'importance de la contestation dans tout débat scientifique, spécialement s'il a une portée économique et peut entraîner des démarches coûteuses. Aussi importe-t-il d'estimer le plus objectivement possible la justesse et la pertinence des arguments.

Le groupe de contestation le plus important et le plus actif a été le Global Climate Coalition, qui a regroupé pendant plus de dix ans les pétroliers, producteurs de charbon et d'énergie de la planète et qui a cherché à minimiser la gravité du phénomène en rejetant la faute sur des effets naturels. Cependant après les rapports de l'IPCC, des compagnies comme Shell, Amoco et British Petroleum se sont retirées de la coalition, qui s'est effondrée [16]. Par la suite des compagnies comme DuPont, BP, Amoco et Shell ont investi dans les énergies renouvelables, tandis que Toyota au Japon cherche à dépasser les objectifs de Kyoto dans la réduction des émissions de gaz.

Dans un livre qui a suscité beaucoup de commentaires dans les médias, le Danois Bjørn Lomborg (note 7, chapitre 6) assure que, contrairement aux propos alarmistes des écologistes, la situation de l'humanité ne cesse de progresser.

Les progrès que mentionne Lomborg sont réels. Les économies prospèrent dans toutes les parties du monde. La démocratie et les progrès sociaux gagnent de plus en plus de terrain. La production céréalière s'est considérablement accrue au cours du dernier demi-siècle. La durée moyenne de la vie augmente. La pollution atmosphérique urbaine diminue.

Pourtant il faut ajouter quelques sérieux bémols. Comme nous le verrons au chapitre 3, la production de nourriture mondiale stagne ou est en décroissance depuis près de dix ans alors que, selon les prévisions des démographes, la population mondiale ne plafonnera vraisemblablement pas avant la moitié de ce siècle.

Nombreuses sont les avancées citées par Lomborg qui ne touchent, en fait, que les pays riches. Ainsi la durée moyenne de vie est en forte décroissance dans les pays de l'ex-Union

soviétique et dans ceux de la région subsaharienne (voir chapitre 6). La pollution des villes décroît dans les pays riches,
mais empire rapidement dans les pays pauvres. Allez simplement vous promener à Delhi ou à Bangkok, vous regret-
terez de ne pas avoir un masque à gaz. Avons-nous le droit,
du haut de notre confort accru, d'ignorer les quatre cinquièmes de la population humaine ?

Mais le point le plus important reste que la plupart de
ces avancées se font au prix de la détérioration rapide de
l'environnement, qui menace de ne plus pouvoir les sup-
porter. Face au fait que les réserves terrestres ne sont pas
infinies, l'expression « croissance économique durable » est
une absurdité. L'amélioration des conditions de vie des pays
pauvres est en soi une excellente nouvelle. Mais les faits sont
là. Si les Chinois et les Indiens avaient autant de voitures par
famille que les Américains et les Européens, la consommation de carburant et l'émission de gaz carbonique attein-
draient des proportions catastrophiques. À cela s'ajoute
l'énorme disparité des niveaux de vie des populations. Moins
de 15 % des humains consomment 80 % des réserves naturelles. Le nombre d'êtres humains qui vivent en dessous du
seuil de pauvreté s'accroît chaque année. Nous reviendrons
sur l'énorme menace que cette disparité fait porter sur l'avenir de la biosphère. Peut-être est-ce là le pire danger.

Un livre comme le sien joue à mon avis un rôle très nocif
d'incitation à l'inaction dans une période cruciale où les plus
grandes mobilisations sont absolument requises.

Il ne s'agit pas ici, encore une fois, de jouer les prophètes
de malheur, mais d'alerter l'opinion publique et les responsables politiques sur les risques catastrophiques auxquels

nous nous exposons en continuant d'agir comme si rien de très grave ne pesait sur nos têtes. Il ne faut pas se bercer de l'illusion, héritée du scientisme, que nous trouverons forcément dans le futur les solutions à tous les problèmes qui surgiront. Quand des espèces animales ou végétales disparaissent, il est déjà trop tard. Et si nous sommes un jour confrontés à un emballement incontrôlé de l'effet de serre, il sera aussi trop tard pour sauver l'espèce humaine.

1. Changement d'air, changement d'ère

Effet de serre

Frédéric Lenoir – Pouvez-vous expliquer plus précisément en quoi consiste ce fameux effet de serre que l'atmosphère exerce sur notre planète ?

Hubert Reeves – Pour accélérer la germination de ses semis au printemps, le jardinier les met « en serre » en les couvrant d'une plaque de verre. La lumière jaune du Soleil traverse le verre puis elle est absorbée et transformée en chaleur par le terreau qui voit sa température augmenter. Ce terreau dégage de la chaleur par un rayonnement infrarouge que la plaque ne laisse pas passer. Elle est transparente aux photons jaunes, mais opaque aux photons infrarouges. C'est elle qui est responsable de l'effet de serre.

Or il se passe la même chose sur la Terre. Le gaz carbonique, la vapeur d'eau, le méthane et plusieurs autres « gaz à effet de serre [1] » forment une couche qui fait office de plaque de verre. Résultat : la température à la surface terrestre augmente.

Il est intéressant de noter ici que l'apparition de la vie sur la Terre est étroitement liée à ce phénomène. Sans la pré-

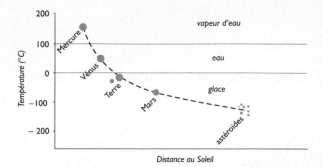

Figure 1.1. Profil des températures à la surface des planètes du système solaire. Cette figure illustre la diminution progressive des températures moyennes due à l'éloignement du Soleil telle qu'elle se manifesterait si ces astres n'avaient pas d'atmosphère. La zone dite « habitable » est la région où la température est comprise entre 0 et 100 °C, là où l'eau peut apparaître sous forme liquide. Au-dessous, c'est de la glace ; au-dessus, de la vapeur d'eau. On voit que, sans leurs atmosphères, la Terre serait glacée (à – 15 °C) tandis que Vénus se trouverait dans la zone habitable.

sence des gaz à effet de serre dans notre atmosphère, la température moyenne à la surface du globe serait de – 15 °C, c'est-à-dire en dessous du point de congélation de l'eau. Mais ce n'est pas tout : à la naissance de la Terre, le Soleil était plus froid qu'aujourd'hui : sa couleur était plus proche de l'orange que du jaune contemporain. En conséquence, la quantité d'énergie solaire reçue par la Terre était plus faible (75 % de la quantité actuelle). Sans l'effet de serre engendré par la présence de gaz, l'eau serait restée gelée comme sur les satellites de Jupiter *(figures 1.1 et 1.2)*.

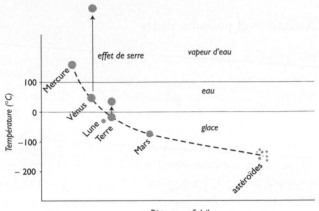

Figure 1.2. Même schéma que figure 1.1, mais en tenant compte de la présence des atmosphères et de l'effet de serre qu'elles provoquent. Cette fois, la Terre se retrouve dans la zone habitable, tandis que la Lune (sans atmosphère) reste dans la zone glacée. En revanche, l'atmosphère de gaz carbonique place la planète Vénus dans la zone vapeur : sa surface est à 460 °C. Mars a peut-être résidé, dans le passé, dans la zone habitable. Aujourd'hui, son atmosphère est trop faible pour lui permettre de s'y retrouver.

Dans ces premiers temps, de quels gaz s'agissait-il ?

Nos voisines, Mars et Vénus, ont des atmosphères largement constituées de gaz carbonique. On admet généralement que tel devait être le cas dans notre atmosphère primitive. Ce gaz est probablement responsable de l'effet de serre primitif. On parle aussi maintenant de la possibilité que le méthane ait joué un rôle.

Glaciations et périodes tièdes

Que sait-on de la température à la surface du globe à ces époques reculées ?

La Terre est âgée de 4,5 milliards d'années. Au tout début, elle se présentait sans doute comme une boule de lave en fusion. Mais il semble qu'elle se soit refroidie rapidement et que de l'eau liquide ait été présente quelque deux cents millions d'années après sa naissance[2]. Les plus vieilles traces de vie apparaissent des centaines de millions d'années plus tard (entre 3,8 et 3,5 milliards d'années[3]).

Les premiers êtres vivants, des organismes aquatiques microscopiques, utilisent la lumière du Soleil pour combiner du gaz carbonique et de l'eau et produire des matières organiques. De l'oxygène s'en dégage, qui enrichit progressivement l'atmosphère. Cette composante devient importante il y a environ deux milliards d'années[4].

La plus vieille mesure nous fait remonter à trois milliards d'années. Les premières périodes glaciaires apparaissent il y a environ deux milliards d'années.

Les périodes de réchauffement et de glaciation ne cessent dès lors de se succéder. Plus on se rapproche d'aujourd'hui, meilleures sont les données *(figure 1.3)*.

Les observations les plus précises nous permettent de remonter jusqu'à plusieurs millions d'années. Elles proviennent de l'étude des sédiments marins. On découvre qu'entre un milliard (apparition des premiers organismes) et dix millions d'années (apparition des préhominiens) dans le

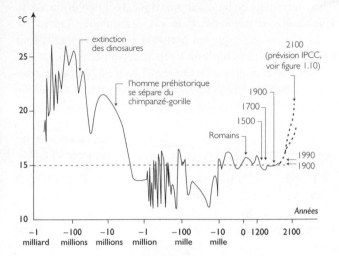

Figure 1.3. Évolution de la température moyenne à la surface de la Terre depuis quelques centaines de millions d'années (notez que l'échelle des temps est comprimée). La période allant de 500 millions à 5 millions d'années dans le passé est de 5 à 10 °C plus chaude que maintenant. Dans la partie de droite (dernier million d'années), on observe la séquence de périodes glaciaires et tièdes, qui se prolonge jusqu'à aujourd'hui (Fritz Gassmann, *Effet de serre*, Zurich, Georg Éditeur, 1994).

passé, la température moyenne a souvent dépassé 20 °C et quelquefois 25 °C. Soit de 5 à 10 °C au-dessus de sa valeur présente.

Des carottages de glace dans l'Antarctique nous permettent de couvrir avec davantage de précision la période plus récente. À chaque niveau de la carotte correspond une période

37

bien déterminée et les analyses donnent l'évolution de la température, du méthane et du gaz carbonique *(figures 1.4 et 1.5)*. On constate que les périodes glaciaires apparaissent environ tous les cent mille ans, séparées par des périodes plus chaudes d'une vingtaine de milliers d'années. Mais dans chacune de ces périodes on note en superposition des variations beaucoup plus rapides qui donnent l'impression d'un comportement dit « chaotique ».

Depuis un million d'années, la température moyenne ne s'est guère élevée au-dessus de sa valeur présente (14 °C).

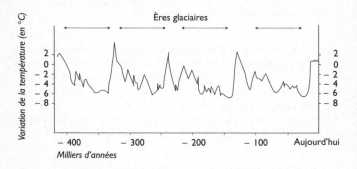

Figure 1.4. Évolution de la température terrestre moyenne depuis 400 000 ans. On remarque la présence récurrente de périodes glaciaires à peu près tous les 100 000 ans. Ce phénomène est généralement attribué à la variation lente de l'insolation due aux variations séculaires des propriétés de l'orbite de la Terre (ellipticité, obliquité) autour du Soleil.

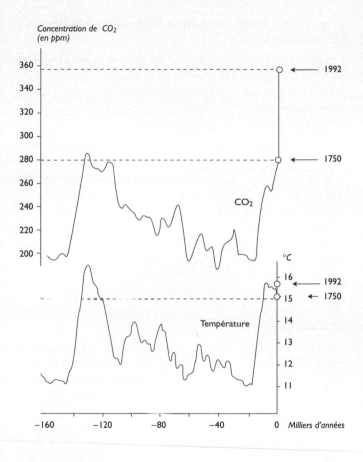

Figure 1.5. Température et gaz carbonique mesurés dans la calotte glaciaire de l'Antarctique, correspondants aux derniers 160 000 ans. On note l'excellente corrélation entre les deux quantités.

Comment expliquer cette succession de glaciations et de réchauffements ?

Ces alternances de chaud et de froid sont vraisemblablement liées à des variations de l'orbite de la Terre autour du Soleil. À l'échelle de quelques dizaines de milliers d'années, l'orbite de la Terre devient plus ou moins elliptique et change son orientation par rapport au Soleil. Il en résulte une variation de l'insolation moyenne reçue au sol et de la température de la surface terrestre. Cette corrélation entre l'orbite de la Terre et les périodes glaciaires a été décrite pour la première fois par Milutin Milanković et semble aujourd'hui bien acceptée[5].

Les carottages de l'Antarctique apportent aussi une information précieuse : l'excellente corrélation entre les températures et les concentrations de gaz à effet de serre (gaz carbonique et méthane), montre bien la relation entre ces facteurs.

Où en sommes-nous dans les cycles des glaciations et des réchauffements ?

La dernière glaciation s'est terminée il y a une dizaine de milliers d'années. La glace recouvrait le nord de l'Europe jusqu'en Angleterre ainsi qu'une bonne partie de l'Amérique du Nord. C'est pendant la récession de cette période glaciaire que les peintres de Lascaux et de Vallon-Pont-d'Arc ont exécuté leurs magnifiques peintures rupestres. L'entrée de la grotte Cosquer est à 46 mètres au-dessous du niveau actuel de la mer, ce qui montre bien qu'en ce temps-là le niveau marin était beaucoup plus bas qu'aujourd'hui. La banquise retenait une fraction importante de la masse océanique.

Nous sommes aujourd'hui dans une période chaude de l'histoire de notre climat. Celui-ci devrait bientôt avoir tendance à se refroidir[6]. Mais ce refroidissement naturel se fait généralement à l'échelle d'environ 1 °C par millier d'années, tandis que le réchauffement contemporain est beaucoup plus rapide. La température a augmenté de près d'un demi degré en un demi-siècle (de 13,84 °C en 1950 à 14,4 °C en 2001). Et le phénomène va en s'accélérant. Les dix années les plus chaudes depuis 1867 sont postérieures à 1980[7] (*figure 1.6*).

C'est dire si l'évolution de l'orbite terrestre ne nous aidera vraisemblablement pas beaucoup à éviter le réchauffement dû aux activités humaines.

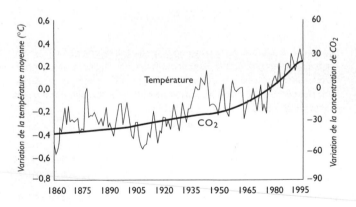

Figure 1.6. Variation de la température moyenne à la surface de la Terre entre 1860 et 1995 (source : Goddard Institute for Space Studies, Nasa).

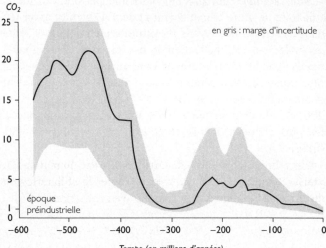

Figure 1.7. Évolution de la concentration de gaz carbonique (CO_2) à la surface de la Terre, durant les ères géologiques, par rapport à la valeur préindustrielle (1 sur l'échelle de gauche). Entre – 600 millions et – 300 millions d'années, le gaz carbonique était de dix à vingt fois plus élevé que la valeur actuelle (source : AEN, *Info*, 2000).

Certains experts évoquent cependant des causes naturelles à ce réchauffement, liées principalement à l'activité solaire.

De nombreuses études ont été faites sur une contribution possible de certains effets solaires sur le climat, en relation, par exemple, avec les variations du rayonnement cosmique et du champ magnétique solaire (qui a doublé depuis un siècle). Des phénomènes solaires peuvent avoir joué un rôle dans certains épisodes climatiques du passé. Mais de l'avis des meilleurs spécialistes la contribution de ces effets « naturels » à l'effet de serre contemporain est minime[8] par rapport à celle de l'industrie humaine.

Le gaz carbonique semble être la cause principale de ce réchauffement. Avant d'être rejeté en grande quantité dans l'air du fait des activités humaines, comment était-il produit ?

Avant l'ère industrielle, il y avait un quasi-équilibre entre les quantités de CO_2 absorbé et rejeté par la mer et la terre, qui permettait à l'atmosphère de garder une proportion de CO_2 à peu près constante. Cette fraction a varié au cours des ères géologiques *(figure 1.7)*. Pendant les périodes chaudes situées entre six cents et quatre cents millions d'années (époques primaire et secondaire), le CO_2 a été environ dix fois plus élevé qu'aujourd'hui en moyenne. Comme on l'a vu précédemment, cette proportion est restée bien corrélée à la température pendant les dernières grandes glaciations. Depuis le début du XXe siècle elle a augmenté de plus de 25 %. Aujourd'hui le gaz carbonique a atteint sa valeur la plus élevée depuis quatre cent mille ans[9] *(figure 1.8, page suivante)*.

Sachant qu'il a déjà été quinze fois plus élevé qu'aujourd'hui, pourquoi s'inquiéter si l'océan peut absorber l'émission de gaz industriels ?

C'est une question de vitesse. Le retour à l'équilibre entre source et puits est un phénomène très lent. Même si on arrêtait l'émission de CO_2, il faudrait plusieurs centaines d'an-

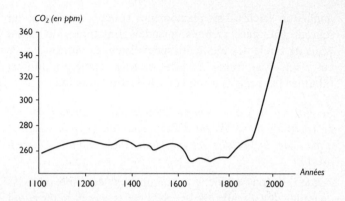

Figure 1.8. Concentration de gaz carbonique dans l'atmosphère depuis l'an 1100. Son augmentation rapide débute avec l'ère industrielle. Aujourd'hui, la concentration est la plus élevée depuis 400 000 ans. Elle pourrait encore doubler d'ici un siècle, si rien n'est fait pour la freiner.

nées avant de retrouver cet équilibre. Tout le problème est là. Aujourd'hui la terre et la mer absorbent seulement la moitié des émissions[10]. Pour arrêter l'augmentation du CO_2 dans l'atmosphère, il faudrait les réduire de plus de la moitié et revenir au niveau de 1935. C'est seulement à cette condition que nous pourrions stabiliser la température. Or l'objectif des accords de Kyoto, beaucoup plus modeste, est de le réduire de 6 %, c'est-à-dire de revenir au niveau de 1990. Et même cela est loin d'être acquis *(figure 1.9)*…

Année	Émissions	CO_2
1950	1,612	n.a
1955	2,013	n.a
1960	2,535	316,7
1965	3,087	319,9
1970	3,997	325,5
1971	4,143	326,2
1972	4,031	327,3
1973	4,538	329,5
1974	4,545	330,1
1975	4,518	331,0
1976	4,776	332,0
1977	4,910	333,7
1978	4,950	335,3
1979	5,229	336,7
1980	5,155	338,5
1981	4,984	339,8
1982	4,947	341,0
1983	4,933	342,6
1984	5,098	344,2
1985	5,271	345,7
1986	5,453	347,0
1987	5,574	348,7
1988	5,789	351,3
1989	5,892	352,7
1990	5,931	354,0
1991	6,020	355,5
1992	5,879	356,4
1993	5,861	357,0
1994	6,013	358,9
1995	6,190	360,9
1996	6,315	362,6
1997	6,395	363,8
1998	6,381	366,6
1999	6,340	368,3
2000	6,299	369,4

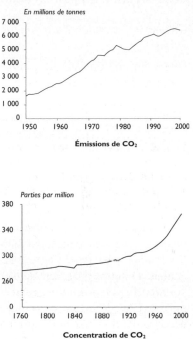

Figure 1.9. Émissions annuelles de gaz carbonique (en milliards de tonnes de carbone) depuis 1950, et concentration de ce gaz dans l'atmosphère (parties par million).

Séquestration du gaz carbonique

Comment contrôler l'augmentation du CO_2 dans l'atmosphère ?

Une solution consisterait à empêcher que le CO_2 émis ne s'accumule dans l'atmosphère. En mots techniques : à le « séquestrer ».

La méthode la plus naturelle est bien sûr de planter de nouvelles forêts : les plantes extraient le gaz carbonique de l'air et le fixent dans leurs tissus. Le problème est que cette séquestration est de courte durée. À la mort de la plante, le CO_2 retourne d'où il vient. Cette solution ne fait que décaler le problème. Et selon des études récentes, ce décalage serait en fait très bref. Quelques années en moyenne[11].

Un projet plus audacieux consiste à introduire le gaz carbonique issu des centrales thermiques directement dans l'océan sans passer par l'atmosphère. Plusieurs groupes y travaillent. D'autres projettent de mettre des nitrates dans la mer pour fertiliser le plancton marin et l'amener ainsi à absorber plus de CO_2. Pourtant ce projet est aujourd'hui fortement déconseillé. Son efficacité serait faible, tandis que ses effets sur la faune et la flore océaniques risquent d'êtres majeurs, voire catastrophiques. C'est à nouveau l'apprenti sorcier[12]…

Effets du réchauffement à court terme

Vous avez évoqué dans le prologue une liste impressionnante d'effets visibles de ce réchauffement, ainsi que des scénarios catastrophes à moyen et long termes. Nous n'allons pas y revenir. Mais avons-nous des modèles scientifiques qui étudient les effets possibles du réchauffement à court terme, disons à l'échelle d'une génération humaine ? Et jusqu'à quel point ces modèles sont-ils crédibles ?

Ces modèles se donnent comme premier test de crédibilité de pouvoir reproduire correctement les conditions météorologiques du passé. C'est ce qu'ils font, jusqu'à un certain point, puisqu'ils arrivent à reconstituer les températures moyennes à la surface de la Terre depuis plus de cent ans. Mais répétons-le encore une fois, des incertitudes demeurent qui, pourtant, devraient aller en diminuant[13].

Que prévoient ces modèles pour l'avenir ?

Des études scientifiques concordantes portent à croire que des changements minimes de la température moyenne à la surface du globe (ne serait-ce que de 1 ou 2 °C) modifieraient le climat et les conditions météorologiques *(figure 1.10, page suivante)*. La hausse des températures serait catastrophique pour le rendement des cultures dans les régions tropicales et semi-tropicales, où actuellement la nourriture est déjà rare (notre « scénario Désert »). L'Arctique serait un océan libre en 2100, ce qui aurait cette fois un effet heureux, celui de raccourcir les trajets maritimes entre New York et Tokyo de 5 000 kilomètres en passant par la route du nord-ouest.

De nombreux modèles prévoient ainsi des vagues de chaleur, des inondations, des sécheresses ou des tempêtes violentes, l'élévation du niveau de la mer et des épisodes plus marqués de cycles météorologiques comme le phénomène El Niño, déjà si désastreux en 1997[14].

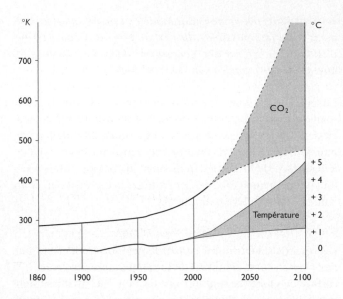

Figure 1.10. Estimation de la croissance de la température et du gaz carbonique jusqu'en 2100, en tenant compte des incertitudes. La courbe haute représente la situation si la croissance du gaz carbonique n'est pas freinée. La courbe basse représente les valeurs minimales atteintes si les émissions sont sévèrement réduites (*Time Magazine*, novembre 1997).

Outre les phénomènes météorologiques meurtriers, on peut craindre aussi pour la santé humaine. Ces perturbations engendrent en effet le développement de certaines maladies, comme le paludisme ou le choléra[15]. Je prendrai pour exemple l'Afrique de l'Est, qui est normalement une zone sèche. Or en 1997, à la suite de l'effet El Niño, des précipitations exceptionnelles ont noyé les troupeaux et apporté le choléra dans la capitale du Kenya.

De surcroît, les exemples enregistrés dans le passé nous enseignent que le système climatique est capable de produire des phénomènes surprenants tels que le ralentissement, voire l'arrêt de certains grands courants marins comme le Gulf Stream[16], qui aujourd'hui transporte la chaleur tropicale vers les régions nordiques. Ou encore une variation brusque des températures, au moins à l'échelle hémisphérique, en un laps de temps de l'ordre d'une génération humaine.

Revenons un instant sur le « dragon enfoui dans les glaces », le méthane, à ne pas réveiller.

Nous savons effectivement que d'énormes quantités de méthane sont séquestrées non seulement dans le permafrost, mais aussi dans les dépôts sous-marins au voisinage des continents (plateaux continentaux). Certains y voient une source possible de combustibles fossiles. Mais la libération de ces gaz par la fonte des glaces et la déstabilisation de ces fonds sous-marins (prévisibles si la température continue à monter) pourrait être la cause d'un réchauffement atmosphérique rapide. Le faible temps de résidence de ce gaz dans l'atmosphère (il est détruit en une dizaine d'années par des réactions moléculaires avec les gaz de l'atmosphère) pourrait neutraliser partiellement cet effet si l'émission de méthane ne se produit pas à une vitesse trop rapide. Mais de toute façon il finira en CO_2, et augmentera d'autant la masse atmosphérique de ce gaz[17].

Le trou dans la couche d'ozone

Autre grave problème écologique lié à l'atmosphère dont nous n'avons pas encore parlé : le fameux trou dans la couche d'ozone. De quoi s'agit-il ?

L'ozone est une variété d'oxygène composée de trois atomes alors que celui que nous respirons en comporte deux. Il est présent dans notre atmosphère à deux altitudes différentes *(figure 1.11)*.

Il y a d'abord la fameuse couche d'ozone située entre vingt et cinquante kilomètres au-dessus de nos têtes. On l'appelle l'ozone de haute altitude ou encore le « bon ozone ». Il intercepte les rayons ultraviolets du Soleil, qui rendraient impossible la vie sur les continents. Cette couche n'existait pas aux premiers temps de la planète[18]. Elle est apparue en même temps que l'oxygène atmosphérique, il y a environ deux milliards d'années. Son manteau protecteur a permis aux animaux aquatiques de sortir de l'eau et de peupler les continents.

Une seconde couche d'ozone se situe à basse altitude dans l'atmosphère, à la surface de notre planète. On l'appelle le « mauvais ozone ». Nous en reparlerons ultérieurement.

Comment a-t-on pris conscience de l'existence d'un problème lié au « bon ozone » ?

L'épaisseur de la couche d'ozone de haute altitude est mesurée d'une façon routinière depuis des décennies au-dessus du pôle Sud par la British Antarctic Survey. À partir de 1985, on

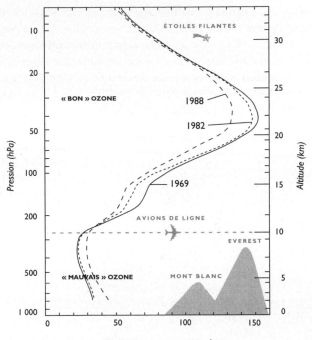

Figure 1.11. Profil et évolution de la densité d'ozone atmosphérique en fonction de l'altitude. On distingue la couche de « bon » ozone, à quelques dizaines de kilomètres de hauteur, ainsi que la couche de « mauvais » ozone à la surface terrestre. Les trois courbes, plus ou moins parallèles, montrent les variations de concentrations en 1969, 1982 et 1988. Le bon ozone a diminué tandis que le mauvais ozone a augmenté. Pour compléter le paysage, on a ajouté le profil des plus hautes montagnes, celui du parcours des avions de ligne et le domaine des étoiles filantes.

a observé à chaque printemps une décroissance régulière de son épaisseur *(figure 1.12)*. Alertés, les satellites de la Nasa qui volent au-dessus de la couche reprennent, confirment ces mesures, et montrent que la situation continue à se détériorer. La diminution printanière ne cesse de s'accentuer, dépassant parfois 70 %. Ce phénomène se produit, mais à moindre échelle, sur toute la planète[19] *(planche IV)*.

Quels sont les effets de cette diminution ?
En permettant à des quantités toujours plus grandes de rayons ultraviolets d'atteindre le sol, la diminution de la couche d'ozone peut avoir des effets très néfastes : un accroissement des cancers de la peau et surtout une détérioration de la vie végétale, cruciale dans la chaîne alimentaire.

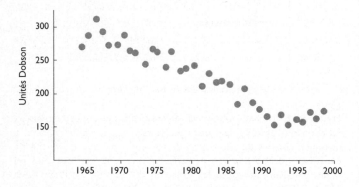

Figure 1.12. Niveau moyen de « bon » ozone au-dessus de l'Antarctique depuis 1965. On note la décroissance pendant les années 1980-1990. Aujourd'hui cette épaisseur semble se stabiliser.

Connaît-on la cause de cette destruction progressive de la couche d'ozone ?

On a d'excellentes raisons de penser qu'elle est due à l'activité humaine. Des gaz fabriqués par l'industrie, en particulier les CFC[20], en sont responsables. S'accumulant dans l'atmosphère, ils montent dans la stratosphère où ils sont détruits par les rayons ultraviolets solaires en produisant des molécules chlorées, rapides destructrices de l'ozone.

Ce sont les fameux gaz utilisés dans les aérosols et les réfrigérateurs, maintenant interdits ?

Oui. On en fabriquait près d'un million de tonnes par an dans les années 1970. Cette production a multiplié par six la présence du chlore dans l'atmosphère entre 1950 et 1990. Le signal d'alarme a donc été tiré par la communauté scientifique et, en 1987, cent cinquante pays ont ratifié le protocole de Montréal qui interdit la production de CFC et encourage la recherche de solutions de remplacement *(figure 1.13, page suivante)*.

Notons ici un fait important à retenir pour le reste de notre réflexion : on a pu faire quelque chose. Quand les scientifiques, les gouvernements et les industriels se mettent d'accord pour résoudre un problème, on peut réaliser de grands progrès. Nous en verrons d'autres cas. Il faut les mettre en évidence pour ne pas désespérer et montrer que tout n'est pas perdu, loin de là, si l'on s'y prend à temps avec une résolution et une énergie adaptées à la gravité de la situation...

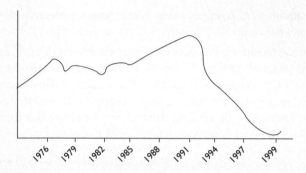

Figure 1.13. Production mondiale de CFC depuis 1976.

La couche d'ozone va-t-elle mieux ?

Pas encore vraiment. On estime qu'il lui faudra plus d'un siècle pour se refaire si on cesse complètement de l'agresser. Les physiciens de l'atmosphère pensent qu'elle devrait récupérer lentement dans les prochaines années. Mais j'attends de voir [21]…

L'interdiction est-elle vraiment respectée ?

Plus ou moins. Car la plupart des pays de l'Est et des pays en voie de développement (dont l'Inde et la Chine) n'ont pas encore signé le protocole. Un important trafic de CFC s'est donc mis en place depuis une dizaine d'années, principalement *via* les pays de l'Est. Pour certains, malheureusement, la rentabilité économique à court terme demeure l'impératif premier au détriment des équilibres écologiques essentiels de la planète.

De plus, une étude récente révèle que les concentrations de gaz à effet de serre dues aux activités humaines – principalement le CO_2 – contribuent à diminuer l'ozone strato-sphérique. Ainsi le changement climatique résultant des émissions de gaz à effet de serre a aussi des conséquences néfastes pour la couche d'ozone.

Comment cela ?

Si les gaz à effet de serre réchauffent la température en sur-face, ils refroidissent les hautes couches de l'atmosphère. Or, le froid favorise la destruction de l'ozone stratosphérique. Le changement climatique pourrait donc retarder la reconstitu-tion complète de la couche d'ozone attendue dans la seconde moitié du XXIe siècle[22].

Ce qui est révélateur des équilibres écologiques naturels : il suffit de toucher à un élément pour que tout l'ensemble soit perturbé. On rejoint ici les intuitions philosophiques de cer-tains penseurs grecs (Plotin) ou orientaux (le Bouddha) qui évoquaient les notions de « sympathie universelle » ou d'« interdépendance des phénomènes ».

Le mauvais ozone

Passons maintenant à l'ozone de basse altitude ou « mau-vais ozone ».

Ce que nous appelons le « mauvais ozone » est produit naturellement par les orages, mais aussi par les oxydes d'azote et les hydrocarbures émis par les voitures. La circu-lation routière en produit des quantités considérables mais, curieusement, il est souvent plus important dans les régions rurales voisines des villes que dans les villes elles-mêmes (*figure 1.14*).

On l'appelle « mauvais » ozone à cause de ses effets nocifs sur les vivants. Par son pouvoir oxydant, il modifie la perméabilité des membranes cellulaires et perturbe la photosynthèse et la respiration. Il affecte ainsi la vitalité des arbres (décoloration jaune des aiguilles de nombreux pins des forêts méditerranéennes). Sur les humains, il produit une irritation des yeux, de la muqueuse nasale et de l'ensemble du système respiratoire.

Dans la plupart des pays européens, les normes antipollution imposées aux véhicules ont permis de réduire sensiblement cette pollution par l'ozone, ce qu'il convient de saluer[23]. Mais tel n'est pas le cas dans de nombreuses mégapoles de

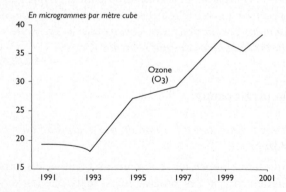

Figure 1.14. Évolution de la concentration de « mauvais ozone » dans l'air de Paris, depuis 1991. Cet ozone est largement dû aux transports routiers.

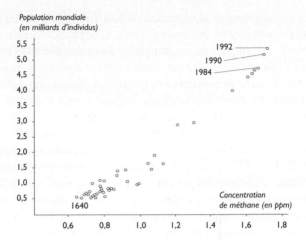

Figure 1.15. Évolution de la concentration de méthane, depuis 1640, dans l'atmosphère terrestre en fonction de la population humaine.

pays en voie de développement. À Mexico, par exemple, les normes d'ozone sont dépassées 337 jours par an ! En fait, les mesures de sécurité sont déjouées par le marché noir et la corruption (fausses inspections des voitures).

Autres pollutions atmosphériques

On touche ici au problème général de la pollution de l'air. En plus du CO_2, du méthane *(figure 1.15)* et des CFC, de nombreuses substances nocives sont rejetées dans l'atmosphère par l'activité humaine. Il s'agit du dioxyde de soufre, des oxydes d'azote, du mercure, de particules solides, de polluants organiques persistants et de composés organiques volatils. L'emploi de combustibles fossiles (dans les centrales électriques et dans le secteur des transports), l'incinération des déchets urbains et médicaux, les opérations de fonderie de minerai métallique sulfuré sont à l'origine de fortes quantités de polluants atmosphériques.

Après une crise majeure dans les années 1950 et 1960 – en décembre 1952 le « smog » (*smoke* + *fog*) avait causé plus de quatre mille morts à Londres –, on a réalisé de grands progrès en Europe et en Amérique du Nord (*figure 1.16*). Mais ce n'est pas le cas dans les pays en voie de développement. J'étais récemment à Datong, au nord de la Chine. Le ciel y est jaune sale en permanence. Je ne sais pas si les enfants là-bas savent seulement qu'il peut être bleu. Huit des

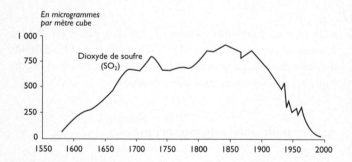

Figure 1.16. Le dioxyde de soufre (SO_2), à Londres, depuis 1550. Engendré par le chauffage urbain, ce gaz a provoqué la mort de plus de quatre mille personnes en 1952. Une loi sur la pollution de l'air a permis, par la suite, une amélioration considérable de la situation.

dix villes les plus polluées du monde se trouvent en Chine. Mais ailleurs aussi. Respirer à New Delhi est comparable à fumer dix à vingt cigarettes par jour !

Outre les terribles nuisances que cette pollution engendre localement, j'imagine qu'elle s'étend aussi dans l'atmosphère à d'autres régions du monde ?

L'air que nous respirons franchit librement les frontières. De nombreux polluants qui menacent la santé humaine et la salubrité des écosystèmes sont transportés par les courants aériens sur des dizaines ou même des milliers de kilomètres. On a découvert récemment par satellite au-dessus de l'océan Indien un nuage de pollution vingt fois plus grand que la France, produit par les rejets atmosphériques de l'Inde et de la Chine[24].

Pluies acides : un problème en voie de solution

On parle aussi de ces pluies acides qui détériorent les forêts. De quoi s'agit-il ?

Au départ, le problème vient des centrales électriques alimentées au charbon. Les oxydes d'azote et de soufre (en particulier le dioxyde de soufre) et les aérosols acides émis par leurs cheminées se combinent avec la vapeur d'eau pour former des précipitations acides. Ces pluies causent des dommages aux forêts et aux plantes en acidifiant les plans d'eau et en s'attaquant aux structures de pierre et de béton.

Dans un premier temps, pour éviter la pollution locale, on a imposé la construction de très hautes cheminées. Solution controversée ! Pris en charge par les vents d'altitude, les rejets se répandaient sur des milliers de kilomètres. Principales conséquences : la destruction des grandes forêts et la mort des poissons dans les nappes d'eau. Ce phénomène est devenu particulièrement important en Amérique du Nord vers les années 1980. J'ai vu au Québec les eaux des lacs du Grand Nord passer du vert au bleu des mers du Sud. Ce changement de couleur signifiait la disparition d'une grande partie du plancton d'eau douce.

À la suite de vigoureuses protestations, le problème a été pris au sérieux. La solution est venue vers 1990 *(figure 1.17)*. Une convention a imposé la pose de filtres au sommet des grandes cheminées. Aujourd'hui la situation s'est largement

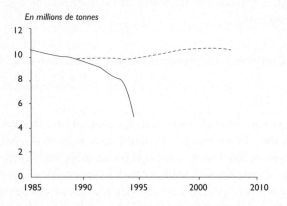

Figure 1.17. Diminution du dioxyde de soufre (SO_2) aux États-Unis après la législation de 1990 sur les émissions des cheminées des centrales thermoélectriques. La courbe en pointillé montre l'évolution prévue sans cette législation. Le dioxyde de soufre provoque l'acidité des pluies.

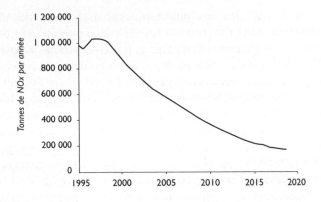

Figure 1.18. Rejet d'oxydes d'azote dans l'atmosphère au Canada.

rétablie en Amérique du Nord *(figure 1.18)* et en Europe de l'Ouest. Ainsi, en France, par exemple, les oxydes sulfureux sont en diminution. Mais tel n'est pas le cas en Europe de l'Est, dans l'ex-Union soviétique et surtout en Chine. Les Japonais voient avec désolation leurs belles forêts sacrées se détériorer à cause des pluies acides provoquées par les centrales chinoises et soufflées au-dessus de la mer du Japon.

Avec la guérison escomptée de la couche d'ozone, voilà un nouvel exemple de réussite au moins partielle montrant que des remèdes sont possibles, à la condition, encore une fois, d'une vaste entente entre toutes les parties concernées : politiques, scientifiques et industriels. Mais, caractéristique assez générale, ces améliorations sont confinées aux pays riches. Les pays pauvres et en voie de développement n'en profitent guère.

Sur le plan des améliorations on peut encore parler du plomb qui, avec l'essence de nos voitures, avait pris des proportions importantes dans l'air que nous respirons. Depuis l'introduction du « sans plomb », au moins dans nos pays, sa concentration a été divisée par trois.

La liste des pollutions de l'air est hélas très longue. Mais aujourd'hui, le plus inquiétant, de loin, reste la question du réchauffement qui détraque le climat et les écosystèmes et peut provoquer des dommages irréversibles. Sans négliger aucun des autres problèmes, c'est le point principal sur lequel il faut focaliser notre attention et chercher des solutions.

Mais avant de terminer ce chapitre, voici une note significative de l'influence de l'homme sur son atmosphère. Les trois jours qui ont suivi le 11 septembre 2001, les avions sont restés au sol. Par comparaison avec le passé, on a pu montrer que les traînées de condensation, laissées dans le ciel par les appareils, réduisent appréciablement la différence entre les maximums de température du jour et de la nuit (*Nature*, 8 août 2002, p. 601).

ORIGINE ET HISTOIRE DE L'ATMOSPHÈRE

L'air, on ne le voit pas mais on le sent quand il vente. Pendant des millénaires sa nature est restée mystérieuse. Il y a environ deux mille cinq cents ans, Aristote le décrivait comme une « matière subtile » qui remplit l'univers jusqu'à la voûte céleste.

Ce n'est qu'au XVIIe siècle que, grâce à la mise en œuvre d'instruments de mesure appropriés, on commence à découvrir ses propriétés. En 1640, Evangelista Torricelli découvre que malgré sa subtilité et son apparente légèreté l'atmosphère a un poids. Blaise Pascal montre que ce poids diminue progressivement quand on s'élève en altitude. Conclusion : l'air ne remplit pas l'univers. Il forme une mince couche d'une centaine de kilomètres d'épaisseur étalée à la surface de la Terre, dont le rayon est de 8 000 kilomètres. La photo de la planche V illustre bien la situation. Le soleil couchant illumine la mince pellicule de gaz qui entoure notre planète. Cette pellicule est notre habitat dans l'univers. C'est lui qu'il faut ménager si nous voulons rester de ce monde.

Quelle est la nature des gaz qui composent notre atmosphère ? La naissance de la chimie à la fin du XVIIIe siècle permet d'en faire l'analyse. On y trouve surtout de l'azote (à peu près 80 %) et de l'oxygène (à peu près 20 %). Mais aussi, en très faible quantité, du gaz carbonique, de la vapeur d'eau et du méthane. Malgré leur rareté, ces gaz sont largement impliqués dans l'avenir de notre planète.

Grâce aux progrès de la planétologie, nous pouvons tenter de retracer l'origine de l'atmosphère. Après sa naissance, il y a 4,5 milliards d'années, notre planète a subi un bombardement intense de météorites et de comètes de toutes dimensions. Ces corps célestes renfermaient dans leurs mailles cristallines de grandes quantités d'eau et de gaz variés. De cette avalanche seraient nés le socle pierreux de notre planète ainsi que les couches d'eau et d'air qui l'entourent.

2. Quelles énergies pour demain ?

Les limites de la croissance

Frédéric Lenoir – Vous souvenez-vous à quelle époque et dans quelles circonstances vous avez pris conscience du tarissement des sources d'énergie ?

Hubert Reeves – Mon premier contact avec le problème de la consommation d'énergie globale remonte à la fin des années 1950. L'un de nos enseignants, Philip Morrison, professeur de physique à l'université Cornell aux États-Unis, est arrivé brandissant, furieux, une copie du *New York Times* : « Ils sont complètement inconscients ces économistes : ils annoncent fièrement la progression prodigieuse et prolongée du produit national brut de la nation. À ce taux, disent-ils, nous doublerons notre consommation d'énergie à l'échelle mondiale en moins de dix ans ! Ils n'ont pas l'air de réaliser qu'à ce rythme nous consommerons dans cent cinquante ans autant d'énergie que le Soleil et dans mille ans autant que toutes les galaxies de l'univers ! »

En 1970, le Club de Rome publiait un livre intitulé *Les Limites de la croissance*, qui eut beaucoup d'écho. Il énonçait en peu de mots le même message que mon professeur de physique : les ressources ne sont pas infinies et l'humanité atteindra leurs limites dans un temps fini ; une croissance exponentielle est insoutenable face à une ressource finie [1] *(planche VI)*.

Comment se présente la situation sur ce front aujourd'hui ?

Heureusement, et grâce en partie à la crise du pétrole de 1973-1974, la consommation d'énergie n'a pas poursuivi ce rythme forcené. Le temps de doublement est passé à trente ans entre 1970 et 2000 et devrait atteindre cinquante ans en 2050.

La question de l'épuisement des ressources énergétiques de la planète reste entière et devient de plus en plus préoccupante. Le « temps fini » des ressources en énergie annoncé par le Club de Rome s'approche dangereusement dans plusieurs secteurs.

L'image des réacteurs nucléaires le long de nos cours d'eau nous sera ici bien utile pour visualiser la situation. La puissance moyenne d'un réacteur est d'environ 1 milliard de watts. La consommation actuelle d'énergie correspond à celle que produiraient douze mille réacteurs nucléaires. Elle correspond également à environ douze milliards de radiateurs de nos maisons allumés en permanence, soit environ deux radiateurs par personne. Ces chiffres, bien qu'approximatifs, nous seront utiles pour nos discussions.

On s'attend à ce que la demande d'énergie mondiale double d'ici au milieu du siècle prochain. Et cela, en partie, à cause de la prospérité croissante d'un bon nombre de pays (surtout le Sud-Est asiatique). Face à cette demande, il y a

ÉNERGIE ET PUISSANCE

La puissance est l'énergie émise pendant une seconde. L'unité de puissance est le watt (W). Exemples : lampe de 100 W, un radiateur de 1 kilowatt (kW, 1 000 watts). Un réacteur nucléaire dégage une puissance d'environ 1 gigawatt (GW, 1 milliard de watts). Le corps humain émet environ 100 W de chaleur (en rayons infrarouges).

La puissance mondiale utilisée aujourd'hui est d'environ 12 000 GW, soit 12 térawatts (TW) (1 TW égale mille GW ou 1 million de MW, 1 milliard de kW).

L'unité d'énergie est le joule (J). Il correspond à une puissance de 1 watt pendant 1 seconde.

Le kilowattheure (kWh) est une unité d'énergie, qui vous coûte environ 8 centimes d'euros sur votre note d'électricité. C'est l'énergie émise par un radiateur de 1 000 watts (1 kW) pendant 1 heure, soit 3 millions de joules : 3 mégajoules (MJ).

Nous utiliserons aussi l'unité d'énergie « térawatt-an » (TW-an). C'est l'énergie que produiraient 1 000 réacteurs nucléaires pendant 1 an. En ces termes, notre consommation mondiale annuelle est de 12 TW-an, l'équivalent de 10 milliards de tonnes de pétrole.

La répartition présente des énergies est de 74 % pour les énergies fossiles (pétrole, gaz, charbon), 6 % pour le nucléaire et 20 % pour les renouvelables (hydraulique, biomasse, solaire, éolien). (*Nature*, 1er novembre 2002, p. 981.)

trois possibilités qui ont chacune leurs limites et leurs problèmes.

1) Continuer à utiliser les énergies fossiles (pétrole, gaz, charbon), qui augmentent la température par l'émission de gaz carbonique et dont les réserves seront vraisemblablement épuisées dans un siècle ou deux.

2) Intensifier le nucléaire, qui a l'avantage de ne pas produire de CO_2 mais présente d'autres inconvénients majeurs, tout en sachant que, pour étendre ses réserves au-delà du siècle, cette industrie nécessitera des investissements énormes à des coûts difficilement évaluables.

3) Développer rapidement les énergies dites « renouvelables » (je préférerais le mot « inépuisables ») afin qu'elles parviennent à prendre en charge une fraction importante des besoins de l'humanité, sachant qu'on est actuellement encore loin du compte.

Mais avant d'examiner en détail chacune de ces options, il importe d'insister fortement sur une quatrième solution, la plus sûre et sans doute de loin la moins coûteuse : économiser l'énergie. Il ne s'agit pas de retourner à l'âge de pierre et de s'éclairer à la chandelle. On estime que la puissance énergétique nécessaire pour une vie humaine « convenable » (chaleur, propreté, transport, produits manufacturés) équivaut à celle dégagée par un modeste radiateur allumé en permanence (soit 1 kilowatt).

Aujourd'hui l'Amérique du Nord (Canada et États-Unis) en utilise douze fois plus et l'Europe de l'Ouest cinq fois plus, tandis que le tiers de l'humanité est bien en dessous de cette norme.

C'est cette surconsommation qu'il serait nécessaire de

réduire pour alléger les contraintes énergétiques qui pèseront de plus en plus lourdement sur notre avenir et pour arriver à un partage plus égal du bien-être mondial. Tous les progrès des techniques énergétiques seront inadéquats si ce but n'est pas d'abord atteint[2].

Planifier à long terme

Avant d'aborder ce sujet il importe de le situer dans son contexte temporel. Ainsi pourrons-nous éviter ces politiques à courte vue (« après moi le déluge ») qui ont été trop souvent le fait des humains. Elles ont pour résultat d'hypothéquer l'avenir et de laisser à nos descendants le soin de payer pour longtemps des erreurs qu'une réflexion fondée sur le long terme aurait pu éviter.

D'abord une anecdote personnelle. À la demande du président Mitterrand, le commandant Cousteau avait créé le Groupe pour la défense des droits des générations futures, dont je faisais partie. Au cours d'une réunion gouvernementale à laquelle nous avions été conviés, une question nous fut posée : « Quelle énergie pour demain ? » Nous avons demandé : « Que voulez-vous dire par "demain" ? Dans dix ans, cent ans, mille ans ? ». On n'a pas daigné nous répondre, comme si la question paraissait incongrue et hors sujet. Et pourtant...

Le Soleil va vivre encore cinq milliards d'années, ce qui laisse théoriquement à l'humanité une longue espérance de vie, même si d'autres menaces naturelles existent à cette échelle. Rappelons, pour donner des échelles de temps appropriées, que les hominiens sont apparus il y a plus de cinq millions d'années, que plus de vingt mille ans se sont écoulés depuis l'époque des peintres de Lascaux et que les pharaons construisaient leurs pyramides il y a plus de quatre mille ans. C'est à de telles échelles de temps qu'il faut réfléchir. Dans ce chapitre, nous considérerons successivement le court terme (décennies, siècles), le moyen terme (milliers d'années) et le long terme (millions d'années et plus).

L'homme et ses énergies

Il pourrait être intéressant de recadrer la situation et de parler des énergies utilisées par les humains depuis la préhistoire.

En visitant une grotte habitée par des hommes pendant près d'un million d'années, j'ai ressenti une forte émotion. Le sol de cet endroit, situé à Quinson dans les Alpes-de-Haute-Provence, est constitué de couches superposées de détritus accumulés par les générations qui l'ont successivement foulé. Les excavations pratiquées par les archéologues nous permettent de voir sur une paroi verticale les strates correspondant aux diverses périodes d'occupation.

Phénomène remarquable, les couches du sol sont gris clair dans sa partie profonde et gris sombre au-dessus d'une certaine époque, qui correspond à environ quatre cent mille ans. La raison : la maîtrise du feu ! Les résidus contiennent les cendres des premiers foyers des êtres humains. Ce qui est impressionnant, c'est de voir, signalé par le changement de couleur des couches, cette période si importante dans l'histoire de l'humanité. Pour la première fois, les hommes ont maîtrisé une source d'énergie apportant le confort.

Avec l'accroissement de la population, un effet négatif se fit progressivement sentir : la déforestation, particulièrement critique dans les régions au climat sec. Voyez les îles dénudées de la Méditerranée et comparez-les aux descriptions qu'en fait Homère dans l'*Odyssée*, période où elles étaient couvertes de forêts verdoyantes. Hannibal capturait ses éléphants dans le Sud tunisien, alors riche en arbres. Ajoutons que ce phénomène n'est pas totalement imputable à l'activité humaine, le changement climatique général en est certes partiellement responsable.

Considérons maintenant, comme vous le proposez, les différentes sources d'énergie utilisées par l'homme au cours de l'histoire. Le bois sert de combustible depuis des dizaines de milliers d'années. Avec le développement des technologies et des premières machines à vapeur, d'abord en Angleterre au XVIIIᵉ siècle puis partout dans le monde, le charbon a rapidement remplacé le bois comme source d'énergie. Pour la première fois, on faisait appel à des réserves non renouvelables : les énergies fossiles. Le charbon s'est formé il y a plus de deux cents millions d'années par la lente décomposition des forêts gigantesques qui couvraient la Terre à cette époque (fort justement appelée le carbonifère). Le gaz naturel et le pétrole sont des dérivés de ce phénomène.

Le charbon dégage un peu moins de gaz carbonique que le bois, mais la pollution atmosphérique provoquée par l'émission d'acide sulfurique et par les particules de suie s'est beaucoup intensifiée dans les lieux où la combustion du charbon était fortement concentrée.

Le développement de l'industrie du transport a fait appel à une autre source d'énergie fossile : le pétrole. C'est vers 1960 que son utilisation en tant que source d'énergie a dépassé le charbon. Il est beaucoup plus facilement transportable (par les pipe-lines) et passablement moins polluant pour l'atmosphère : il émet moins de gaz carbonique par unité d'énergie obtenue. Une autre source d'énergie fossile s'est rapidement imposée vers la fin du XXe siècle : le gaz naturel. Il est encore supérieur au pétrole, avec un meilleur rendement énergétique, et il est aussi plus propre.

À vous entendre, ce qui est quand même rassurant, c'est qu'on abandonne progressivement les modes de production énergétique les plus néfastes pour l'atmosphère pour aller vers des sources d'énergie plus propres.

Tout à fait. Nous assistons à des vagues successives de « décarbonisation de l'énergie ». Le bois dégage environ dix atomes de carbone pour chaque atome d'hydrogène ; le charbon deux de carbone pour un d'hydrogène ; le pétrole un de carbone pour deux d'hydrogène ; et le gaz un de carbone pour quatre d'hydrogène. Dans la réalité les choses sont un peu plus compliquées à cause des rendements respectifs de ces sources ; mais, qualitativement, ce rapport carbone/hydrogène est un bon indicateur de l'évolution historique et montre surtout clairement le but à atteindre : zéro carbone. Non seulement pour préserver l'atmosphère contre l'effet de serre, mais aussi parce qu'il y a mieux à faire avec ces substances que de les brûler ! Comment, par exemple, fabriquerons-nous le plastique et l'asphalte quand le pétrole sera épuisé ?

Vient enfin l'énergie nucléaire. Son origine et son histoire sont racontées dans un document placé en annexe (voir Annexe 2.1, p. 106). Elle a commencé à jouer un rôle important peu après le choc pétrolier de 1973-1974. Elle a l'immense avantage de ne pas (ou peu) dégager de gaz carbonique. Mais elle génère bien d'autres problèmes. Nous y reviendrons.

Ressources et épuisements

Aujourd'hui, avez-vous dit précédemment, nous sommes confrontés au fait que les réserves d'énergie ne sont pas infinies et qu'au rythme où nous les consommons elles s'épuiseront rapidement. Pouvez-vous donner quelques chiffres ?

Comme vous le savez, les prédictions sont toujours dangereuses et sujettes à caution. Pourtant, de l'avis des spécialistes, on peut se risquer aux estimations suivantes. Considérons d'abord les énergies dont les techniques d'extraction et d'utilisation sont bien maîtrisées. On admet généralement que le pétrole, le gaz naturel et le nucléaire dit à « neutrons lents » (qui utilise l'uranium-235 dans les réacteurs conventionnels) seront largement épuisés avant la fin de ce siècle et le charbon avant deux ou trois siècles. Voilà pour le court terme.

Pour l'approvisionnement à moyen terme mentionnons le nucléaire à « neutrons rapides » (fission de l'uranium-238 et du thorium[3]). Les réserves pourraient s'étendre à quelques milliers d'années si la demande d'énergie n'augmente pas trop rapidement. Cependant, aujourd'hui, elles sont loin d'être opérationnelles.

73

Pour le long terme (millions d'années), il y a plusieurs sources d'énergie potentiellement disponibles et utilisables, dont les réserves sont pratiquement infinies :

– l'énergie solaire sous toutes ses formes : absorption directe du rayonnement lumineux ou utilisations dérivées (le vent, les vagues, les cours d'eau – cette énergie est appelée hydraulique) ;

– l'énergie nucléaire de fusion de l'hydrogène en hélium (comme le Soleil) ;

– l'énergie thermique contenue dans notre planète.

Le problème, pour ces sources, n'est pas la durée mais le rendement. Pour contribuer de façon majeure à la demande énergétique mondiale, toutes ces techniques exigeront également de lourds investissements et de grandes avancées technologiques. Ici se posera la question du meilleur choix, sur lequel nous reviendrons à la fin du chapitre.

Je voudrais revenir sur l'épuisement annoncé du pétrole. Une telle prédiction a été faite à plusieurs reprises dans le passé et elle a toujours été infirmée, soit parce qu'on en a trouvé encore d'immenses réservoirs, soit parce qu'on a développé une nouvelle technologie plus efficace pour en extraire des réserves déjà connues, ou bien encore parce que son prix a augmenté de manière telle qu'il devient rentable d'aller chercher celui qui est le plus enfoui. Pourquoi en irait-il autrement aujourd'hui ?

Rien n'est certain, mais les trois raisons que vous décrivez semblent beaucoup moins pertinentes actuellement. Voici la réponse des spécialistes. Les géologues du pétrole sont allés partout et n'ont rien trouvé d'important depuis les années

1970. On a dépensé des milliards de dollars pour améliorer les techniques de forage et on ne prévoit pas d'améliorations importantes dans le futur. Enfin, à leur avis, même une augmentation énorme du prix ne changerait pas la situation de manière appréciable[4].

Quant à l'uranium, dont vous annoncez l'épuisement dans un siècle[5], ne peut-on pas l'extraire de l'eau de mer, ce qui représenterait une réserve quasi infinie?

Le problème est que l'uranium océanique est extrêmement dilué (3 grammes dans 1 000 tonnes d'eau). Pour contribuer d'une façon significative à la demande mondiale, il faudrait en récupérer des centaines de milliers de tonnes en traitant, chaque seconde, une quantité d'eau équivalente à trois mille fois le débit du Rhône[6]. Une entreprise pharaonique qui risquerait de provoquer des pollutions aquatiques considérables.

La production annuelle d'uranium océanique restera vraisemblablement bien mince et ne changera pas grand-chose à l'épuisement prévu des réserves nucléaires.

Nucléaire : la solution miraculeuse ?

Tout bien considéré, le nucléaire n'apparaît-il pas comme la meilleure solution présente, dans la mesure où il ne participe pas au réchauffement de la planète?

Effectivement, le nucléaire semble à première vue le moyen idéal pour résoudre à la fois le problème de l'énergie et celui du réchauffement. J'ai d'ailleurs été naguère un ardent défenseur de ce mode d'énergie. Pourtant je vais expliciter mes réticences et essayer de montrer qu'à mon avis c'est une mauvaise solution, dont il faudrait se passer le plus vite possible. Nous nous étendrons assez longuement sur ce sujet parce qu'il est mal connu du public en général et qu'il est important que les décisions à venir soient prises le plus démocratiquement possible. Pour cela un certain nombre de connaissances sont nécessaires.

Quand je suis arrivé en 1956 à l'université Cornell aux États-Unis, les premiers réacteurs faisaient leur apparition, et l'énergie nucléaire civile suscitait une véritable euphorie. Un gramme d'uranium peut dégager autant d'énergie qu'une tonne de pétrole. Une énergie pratiquement gratuite ! La fin de la pauvreté dans le monde !

Derrière cette euphorie, il y avait aussi une sorte d'idée de rédemption. Les physiciens qui avaient provoqué par leurs travaux la destruction de Nagasaki et de Hiroshima, et occasionné la mort d'environ deux cent mille personnes, allaient en quelque sorte se racheter en donnant au monde ce formidable cadeau. En particulier, Hans Bethe, qui avait découvert que les étoiles sont de grands réacteurs nucléaires et qui avait travaillé à la bombe atomique, travaillait à cette période comme consultant scientifique auprès des compagnies qui construisaient fiévreusement des réacteurs civils.

Mes premiers contacts avec les constructeurs de réacteurs ne furent pas de bon augure. Quelques mois avant la fin de ma thèse de doctorat, Hans Bethe m'a fait venir dans son bureau pour me proposer un emploi auprès de la compagnie General Dynamics, qui testait à cette époque un nouveau type de réacteur nucléaire à neutrons rapides, appelé « surgénérateur », en principe cent fois plus performant que les réacteurs classiques (tout comme le surgénérateur de Creys-Malville, dans l'Isère). J'étais invité à aller passer une semaine à Detroit, où le prototype allait bientôt entrer en service. Dans la voiture qui me menait de l'aéroport vers la ville de Detroit, le groupe d'ingénieurs venu m'accueillir me mit immédiatement au courant de la situation. Les grands fabricants d'automobiles, comme Ford ou General Motors, installés dans la banlieue de Detroit, voyaient d'un très mauvais œil la présence de ce type de réacteur déjà reconnu comme à haut risque. Il fonctionnait à plus de 500 °C, en utilisant comme refroidisseur du sodium liquide. Et cela, à proximité des usines automobiles.

Ces constructeurs avaient intenté un procès à General Dynamics pour s'opposer à la présence du surgénérateur. Mon rôle, m'expliqua-t-on très clairement, était d'agir comme consultant scientifique et de présenter un dossier concluant à l'absence de risque et de danger pour la région !

« Et si telle n'est pas ma conclusion, que se passera-t-il ? », leur ai-je répondu. « Ne vous inquiétez pas pour cela, ce sera certainement votre conclusion. » « Alors pourquoi me faire venir ici si vous avez déjà vos certitudes à ce sujet ? » « Pour être entendu au tribunal, nous avons besoin du témoignage d'un physicien nucléaire professionnel issu d'une grande université. Vous serez notre caution scientifique. »

Bien que troublé par cette attitude, je me suis mis au travail. À la fin de la semaine, nullement convaincu de l'impossibilité d'un accident, j'ai refusé de faire un rapport favorable et je suis rentré chez moi.

Le surgénérateur a malgré tout été mis en service. Un an

plus tard, une instabilité du système de refroidissement a provoqué un blocage et une panne grave. Pendant quelques heures, l'évacuation de la ville de Detroit fut envisagée. On a réparé la panne, mais le réacteur hautement radioactif a été fermé et son site entouré de barbelés. Cette île charmante (Saint-Clair) sur le lac Érié, naguère un lieu de pique-niques familiaux, est aujourd'hui encore sinistrement inaccessible.

Malgré cette incroyable expérience, vous disiez avoir été longtemps favorable au nucléaire !

Oui. Pendant des années j'ai continué à penser que l'énergie nucléaire civile était vraiment l'énergie de l'avenir et que les problèmes techniques seraient rapidement résolus (la « fuite en avant » : une attitude qui a joué et qui continue à jouer un grand rôle chez les protagonistes du nucléaire). J'ai un jour participé à un débat contradictoire sur cette question. Du côté des « contre » il y avait Pierre Trudeau, devenu plus tard Premier ministre du Canada. Par la suite, nos positions respectives ont basculé : il est devenu « pour » et je suis progressivement passé du côté des « contre ». Car les problèmes posés par ce mode d'extraction de l'énergie se sont révélés beaucoup plus coriaces que prévu. Je me suis peu à peu rendu compte que l'humanité se lançait dans une technologie que personne ne maîtrisait : ni le problème des déchets ni les conséquences d'un accident majeur.

Hypothéquer l'avenir

Mais ce qui me paraît le plus préoccupant, c'est l'hypo-thèque qu'il fait peser sur nos enfants et petits-enfants. Entre la construction des centrales, leur démantèlement et la désac-tivation des déchets nucléaires, il peut se passer de nom-breuses décennies, voire plusieurs siècles.

Or, aucun pays aujourd'hui ne peut être assuré d'une sta-bilité économique à l'échelle de siècles ou même de décen-nies. Les empires finissent toujours par s'effondrer. Prenons comme exemple le cas de l'Argentine, prospère jusqu'aux années 1930 et aujourd'hui en pleine débâcle économique. Qui dans ce pays pourrait aujourd'hui payer pour le déman-tèlement des installations nucléaires et la gestion des noyaux radioactifs à longue vie ? Le krach de 1929 a montré la fra-gilité des économies mondiales à l'échelle de quelques mois. Et imaginons qu'à la place des pyramides les Égyptiens aient bâti des réacteurs et que dans les souterrains de Gizéh et de Carnac soient stockées d'immenses quantités de maté-riaux radioactifs. Qui s'en serait occupé après l'écroulement de l'Empire égyptien ?

Le nucléaire, c'est « après nous le déluge ! » ou, si vous pré-férez, « profitons-en maintenant et laissons nos descendants payer la note s'ils en sont encore capables ». Et l'idée que d'autres industries en font autant n'est guère une excuse acceptable.

Déchets nucléaires : stockage et traitement

Qu'en est-il des déchets nucléaires ?

Commençons par le plus médiatisé, la star en quelque sorte, ou le démon comme on voudra, le plutonium-239, le noyau cauchemar de l'industrie nucléaire depuis ses débuts. Il restera actif pendant plus de cent mille ans. Rappelons, pour retrouver les échelles temporelles appropriées, qu'il y a cent mille ans apparaissait notre espèce *Homo sapiens*.

Cet atome, présent dans la matière primitive de la Terre, en a complètement disparu depuis des milliards d'années. Il y est revenu en décembre 1940 à l'université de Berkeley, en Californie. Glenn Seaborg et ses collègues fabriquaient pour la première fois des noyaux de plutonium en bombardant de l'uranium avec de l'hydrogène lourd. En mai 1941, ils en avaient obtenu un demi-microgramme.

Chaque réacteur en fabrique environ 200 kilos par an[7]. Aujourd'hui, il y en a plus de 1 500 tonnes et cette quantité augmente de 100 tonnes par année. Il est accompagné d'une vaste cohorte d'autres noyaux radioactifs avec des temps de vie variés.

N'y a-t-il aucun moyen de détruire ce monstre et ses congénères ?

Il existe deux solutions pour résoudre le problème des déchets. Soit les stocker tels quels (solution des États-Unis), soit les traiter de façon à les détruire partiellement tout en obtenant encore de l'énergie.

Le problème du stockage consiste à trouver un lieu suffi-

samment sûr et surtout à l'abri de tout mouvement de volcanisme interne. Lieu où ils resteront confinés dans les nappes
phréatiques sans risque de fuite et de dispersion pendant
près de cent mille ans[8]. Les difficultés qu'ont rencontrées
les États-Unis pour faire accepter par les scientifiques le site
du mont Yucca (le meilleur des États-Unis !) montrent à
quel point cette situation est controversée (voir Annexe 2.2,
p. 108).

Pour la deuxième solution, le traitement des déchets, il y a
deux méthodes possibles : l'utilisation des surgénérateurs[9]
ou les accélérateurs-réacteurs[10]. Ces instruments ont le
double avantage d'accroître considérablement les réserves et
de mettre à profit les déchets accumulés jusque-là. Mais
avant de pouvoir détruire ces déchets, il faut les stocker en
surface pendant des décennies, voire des siècles, en attendant une diminution substantielle de leur radioactivité[11]. Or,
déjà, des rejets dans l'environnement ont été constatés et des
plaintes ont été déposées[12]. Bien sûr, ces quantités sont
faibles, mais si l'industrie nucléaire devait multiplier son
activité pour suivre la demande d'énergie mondiale, elle
pourrait devenir beaucoup plus menaçante.

À cela s'ajoute le problème du démantèlement des réacteurs en fin de carrière[13]. À cause de la très forte radioactivité
qui règne dans leurs enceintes, leur durée de vie est limitée à
quelques décennies (trente à soixante ans, peut-être un peu
plus.) Ensuite, il faut attendre plusieurs décennies supplémentaires pour que le niveau de radioactivité baisse suffisamment pour pouvoir y pénétrer sans danger. L'ensemble
de ces opérations, entre la construction et la destruction d'un
réacteur, impose un délai voisin du siècle. D'où l'expression

selon laquelle le nucléaire hypothèque l'avenir des générations qui nous suivront. Une nouvelle fois, on ne peut se justifier en arguant du fait que d'autres entreprises sont encore
plus menaçantes.

Les accidents

*Se pose aussi la question des accidents. Tchernobyl a consti-
tué une brutale prise de conscience des dangers immédiats
du nucléaire civil.*

Tchernobyl est l'une des plus grandes catastrophes technologiques de l'histoire. Elle a causé d'énormes dégâts écologiques et humains. On sait qu'une exposition excessive à
la radioactivité provoque des leucémies et des cancers de
la thyroïde. Certains auteurs parlent de nombreux cancers
additionnels liés de près ou de loin à Tchernobyl, mais ces
chiffres sont difficilement vérifiables [14]. Le professeur Yuri
Bandazhevsky a été condamné à huit ans de prison en Russie
pour avoir étudié les effets pathologiques de Tchernobyl sur les
enfants. Un mouvement international s'est formé pour le faire
sortir, sans succès jusque-là. J'invite les lecteurs à lui envoyer
un mot de sympathie à sa prison : Prof. Bandazhevsky, UL.
Kalvarijskaya 36, BP 351, Minsk, 220600 Belarus. Chaque
lettre venant de l'extérieur augmente ses chances.

Avant cette catastrophe du 26 avril 1986, il y a eu en
mars 1979 le grave accident de Three Mile Island, en
Pennsylvanie, qui a arrêté net la construction des réacteurs
nucléaires aux États-Unis.

En fait, la fréquence des accidents majeurs et mineurs se révèle beaucoup plus grande que celle proclamée au départ par les statisticiens nucléaires. La raison en est simple et, en cela, d'autant plus inquiétante. Il s'agit presque toujours d'erreurs imputables non pas aux machines, mais aux opérateurs eux-mêmes. À Tchernobyl, les systèmes de sécurité avaient été débranchés pour effectuer certaines expériences. Aucun système de sécurité, aussi parfait soit-il, ne peut nous mettre à l'abri d'erreurs humaines. Aucun programme de calculs des probabilités ne peut en tenir compte [15]. La situation n'est pas différente dans les centrales hydroélectriques, où des accidents se produisent aussi. Sauf que les conséquences n'ont pas la même ampleur ! On n'en parle pas pendant des décennies !

Je me suis souvent dit que le nucléaire n'est pas une technique pour des hommes, mais pour des anges. C'est-à-dire pour des êtres parfaits qui ne font (en principe) jamais d'erreurs. Les hommes sont comme ils sont, distraits et quelquefois brouillons. Qui empêchera un surveillant de quitter son poste un peu plus tôt, un soir d'été, pour aller à la pêche ? Mes craintes à ce sujet ont été confirmées par les propos que j'entendais autour de moi quand mon laboratoire d'astrophysique était hébergé par le Commissariat à l'énergie atomique. Je me souviens d'un directeur de l'établissement qui répétait : « Il faut agir vite et mal. » Une sorte de légèreté teintée d'arrogance, qui ressortait à table quand des transporteurs, par exemple, nous racontaient, comme un exploit, comment, contrairement aux directives, ils allaient déverser dans les cours d'eau voisins des substances à faible radioactivité.

La sécurité

Des efforts considérables ont pourtant été faits pour augmenter la sécurité des réacteurs.

Sur le plan de la sécurité interne, la situation des réacteurs s'est en effet considérablement améliorée. Le taux d'accidents, même mineurs, a diminué d'un facteur vingt entre 1990 et 2000. De surcroît, de nouveaux types de réacteurs à très faibles risques (pas de risque de fusion) sont en préparation, en particulier au Japon. Ils sont munis de systèmes de sécurité hautement sophistiqués qui devraient pratiquement réduire les risques à zéro.

Mais il importe de le répéter ici clairement : si l'énergie nucléaire devait contribuer d'une façon importante à l'énergie mondiale d'ici le milieu de notre siècle, ces réacteurs sécuritaires deviendraient inutilisables faute de carburant (uranium-235). Solution à court terme…

De plus, rappelons que les accidents mémorables du passé (Three Mile Island et Tchernobyl) étaient dus à des erreurs humaines. Si l'on peut admettre des sécurités qui mettent à l'abri des accidents de machine, peut-on imaginer des sécurités à l'épreuve des erreurs humaines ? Et quelle garantie avons-nous qu'à l'échelle de décennies et de siècles ces sécurités seront correctement entretenues ? Les crises économiques et sociales, les guerres peuvent entraîner un délabrement de la maintenance. Voyez seulement l'état des installations dans l'ex-Union soviétique…

Le terrorisme

Les événements du 11 septembre 2001 ont mis en évidence un autre aspect inquiétant des réacteurs nucléaires. Ils sont une cible idéale pour le terrorisme. L'idée d'un avion kamikaze tombant sur un surgénérateur a de quoi faire frémir.

Un seul incident de ce type pourrait compromettre l'avenir du nucléaire. Pourtant, selon les ingénieurs spécialisés, les dégâts ne seraient pas aussi catastrophiques qu'on pourrait le croire... Rassurant? Pas certain! La véritable catastrophe serait provoquée par la panique généralisée et les conséquences humaines et économiques d'une évacuation majeure de population.

Ce qui inquiète davantage, ce sont les vols de matières nucléaires en relation avec le développement du terrorisme. Dans son rapport annuel pour 2000, l'Agence internationale de l'énergie atomique (AIEA) reconnaît que des groupes terroristes ou autres auraient essayé de voler des matières nucléaires. L'AIEA précise que la lutte contre le trafic illicite est devenue importante, car des incidents continuent de se produire. Au cours des deux années précédant la parution de ce rapport, quatre vols ont été signalés, dont le plus important portait sur 920 grammes d'uranium hautement enrichi. L'AIEA a mis en place un programme qui comporte l'échange d'informations, l'assistance aux organismes de réglementation et des activités de formation. Elle a également créé une base de données sur les cas de trafic illicite[16].

*Les partisans du nucléaire mettent en avant le coût réduit de
cette source d'énergie. Le kilowatt-heure nucléaire est-il
vraiment moins cher que celui des autres formes d'énergie ?*

Le prix du kilowatt-heure nucléaire est une notion aussi
flexible que celle du taux de chômage. Elle est largement
fonction de celui qui l'estime et varie beaucoup selon les
sources dites « officielles » et les autres. Tout dépend de ce
qu'on y met [17].

En fait de nombreux organismes indépendants de recherche
et de conseils en énergie ont conclu qu'en tenant compte des
frais réels le nucléaire est beaucoup plus coûteux (et hasardeux)
que tous les autres modes de production d'électricité. Les estimations réalistes du coût du kilowatt-heure, en y intégrant les
frais de démantèlement des réacteurs et de gestion des déchets,
font reculer les investisseurs privés. De surcroît, les compagnies d'assurances refusent d'assurer les réacteurs.

D'où un fait hautement significatif : partout où existe
un marché compétitif de l'énergie, très peu de pays investissent dans le nucléaire. Des compagnies comme British
Petroleum et Shell Oil, qui sentent venir la fin du pétrole,
n'investissent pas dans le nucléaire mais dans les énergies
renouvelables. Ce sont les pays à monopole énergétique (la
France et quelques autres) qui continuent dans cette voie.
Résultat : l'énergie totale émise par les réacteurs a augmenté
de moins de 6 % pendant les dix dernières années (moins de
1 % par an).

L'argument de l'indépendance économique ?

Cela se comprendrait mieux par rapport au pétrole. Nous
sommes tous à la merci de la politique des États du Proche-

Orient. Cette dépendance qui affole les États-Unis n'est pas sans relation avec les guerres récentes au Proche-Orient. Mais si on y regarde de plus près, la situation n'est pas potentiellement très différente face aux pays producteurs d'uraniun. Selon un rapport de la Commission européenne, les pays de l'Union ne possèdent que 2 % des réserves mondiales. Peut-on parler d'indépendance énergétique ?

La grande impopularité du nucléaire dans une large partie des populations, voire la frayeur qu'il provoque, n'est-elle pas aussi un obstacle redoutable pour le développement de cette industrie ?

La catastrophe de Tchernobyl, mais aussi les silences [18] et les mensonges des agences officielles (« le nuage s'est arrêté aux frontières de la France »…) ont joué un rôle considérable dans la levée de boucliers et la résistance psychologique énorme du public face à un retour du nucléaire [19]. L'effort pour tenter de rassurer en minimisant les problèmes se retourne contre son auteur quand la situation est clarifiée. À ce propos, voici une anecdote significative. Un matin, Camille, ma femme, me dit : « Un très grave accident vient de se produire dans une centrale nucléaire en URSS. J'ai entendu cela sur une radio périphérique. Il faut écouter les informations télévisées. » À notre grande surprise, rien de cette information n'a été révélé à la télévision ce jour-là, ni à midi ni le soir.

Plusieurs mois plus tard, j'ai rencontré le journaliste responsable de l'émission. À ma question : « Pourquoi ce silence ? », il m'a répondu : « Ordre du gouvernement : n'affolez pas les populations ! » Récemment, la première compagnie d'électricité du Japon avoue avoir falsifié les inspections de ses réacteurs depuis dix ans[20]. Des comportements comme celui-là expliquent largement la méfiance des gens face au nucléaire. Les omissions et les mensonges (l'histoire du nucléaire en est truffée) laissent des traces...

Une enquête d'opinion, réalisée pour *L'Express* en 1999 par l'institut de sondage Ipsos, dans les quatre grands États membres de l'Union européenne dotés de centrales nucléaires, montre bien la méfiance des opinions publiques. Près de la moitié des sondés s'oppose à tout développement, tandis qu'un tiers prône l'abandon total de cette filière.

Dans certains milieux on peut même parler d'une diabolisation, accrue par l'association du civil et du militaire, même si on nous garantit que les nouveaux réacteurs ne pourront en aucun cas être en mesure de produire les éléments des bombes. Mais quelle confiance une telle affirmation peut-elle susciter dans le public? Tout effort pour relancer cette industrie risque de se heurter à une énorme résistance. Cette phobie, aussi irrationnelle qu'elle soit, est en fait un des plus grands obstacles à la poursuite des programmes nucléaires au sein des démocraties. L'Espagne a décrété un moratoire sur le nucléaire en 1984, renouvelé en 1992. L'Autriche a abandonné le nucléaire en 1987 et l'Allemagne en 1999. La Belgique vient de prendre la même décision[21].

La relance du nucléaire

Pourtant on reparle de plus en plus d'une relance de la construction des centrales. Beaucoup pensent qu'il faut développer à la fois les nouvelles technologies nucléaires et les techniques des énergies renouvelables. Ne faut-il pas, selon l'expression populaire, faire feu de tout bois ?

En mars 2001 l'administration Bush a décidé de relancer la filière nucléaire[22]. Le projet Nuclear Power 2010 a pour objectif la construction de nouvelles centrales d'ici à la fin de la décennie[23]. En Europe, la Finlande décide la construction d'un nouveau réacteur, et les Britanniques semblent laisser la porte ouverte à de nouveaux investissements nucléaires. Ces réacteurs sont des réacteurs conventionnels à neutrons lents qui utilisent l'uranium léger (235), dont les réserves, rappelons-le, ne nous mèneront pas au-delà du siècle.

À moyen terme, cette relance du nucléaire ne pourra satisfaire la demande que si l'on arrive à extraire l'énergie de l'uranium lourd (238) ainsi que du thorium. La technique la plus prometteuse est celle de l'accélérateur-réacteur. D'autres techniques sont également possibles, en particulier les surgénérateurs. Mais on le sait déjà : la mise en œuvre de ces opérations nécessite des investissements coûteux et des développements majeurs.

Faire feu de tout bois… d'accord. Mais il faut des devis réalistes, évaluer les risques respectifs de chaque technique et surtout ne pas hypothéquer l'avenir pour des siècles, voire des millénaires ! Ce point sera repris à la fin du chapitre.

Les énergies renouvelables

Venons-en maintenant aux énergies renouvelables.

Nous garderons ce mot qui est maintenant entré dans le vocabulaire sous la forme « ER », bien que le terme « énergies inépuisables » soit préférable. Il y a tout d'abord l'énergie solaire. Située à cent cinquante millions de kilomètres, notre étoile jaune possède des propriétés tout à fait moyennes par rapport aux autres étoiles de la Voie lactée.

La Terre reçoit et absorbe en permanence une énergie équivalente à cent millions de réacteurs nucléaires. Soit environ dix mille fois la quantité requise pour les besoins actuels de l'humanité.

En d'autres termes, notre demande actuelle correspond à la récupération de toute l'énergie solaire incidente sur un pays comme la Belgique.

Faut-il pour autant recouvrir de panneaux solaires une surface aussi grande ? Heureusement pas. Plusieurs phénomènes naturels se chargent de concentrer cette énergie : l'évaporation de l'eau, la photosynthèse des plantes (biomasse), le vent, les vagues et les courants marins. Les vents et les courants marins existent du fait que les régions polaires reçoivent moins d'énergie solaire que les régions équatoriales (la Terre est ronde…). La différence de température provoque une circulation permanente de l'air et de l'eau entre ces régions. La rotation de la Terre sur elle-même interfère avec ces mouvements pour donner naissance aux tourbillons d'air (cyclones et anticyclones si familiers aux auditeurs des bulletins météorologiques) et aux courants marins comme le Gulf Stream.

Aujourd'hui, les centrales hydroélectriques sont les principales récupératrices de l'énergie solaire. La pluie évaporée des océans retombe dans les montagnes et redescend par les cours d'eau. Retenue dans les barrages, elle actionne les turbines productrices d'électricité. Aujourd'hui, ces sources d'énergie potentielle sont déjà largement mises en œuvre dans un grand nombre de pays, et leur contribution ne deviendra guère plus importante dans l'avenir. Il faut trouver autre chose…

Les éoliennes *(figures 2.1 et 2.2)* sont un des modes de production les plus rentables. Cette technologie est en pleine expansion et augmente de 30 % par année[24]. La puissance mondiale obtenue était équivalente à un réacteur nucléaire en 1985. Elle a atteint plus de vingt réacteurs en 2002. Elle fournit déjà 1 % de l'électricité en Allemagne, 20 % en Navarre (Espagne). Selon certaines études (peut-être optimistes…) elle pourrait satisfaire en 2050 de 10 à 20 % de la demande mondiale en électricité.

Inconvénient : les éoliennes posent des problèmes de stockage de l'énergie. Mais des avancées technologiques importantes sont rapportées un peu partout dans le monde.

Le beurre et l'argent du beurre

Sans parler du problème esthétique : ces immenses constructions, qui atteignent parfois 100 mètres de hauteur, détériorent les paysages !

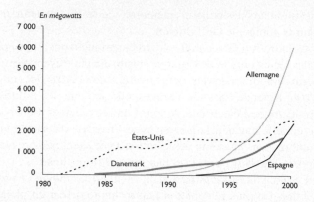
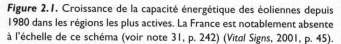

Figure 2.1. Croissance de la capacité énergétique des éoliennes depuis 1980 dans les régions les plus actives. La France est notablement absente à l'échelle de ce schéma (voir note 31, p. 242) (*Vital Signs*, 2001, p. 45).

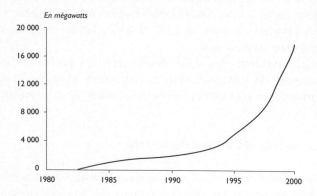
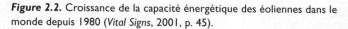

Figure 2.2. Croissance de la capacité énergétique des éoliennes dans le monde depuis 1980 (*Vital Signs*, 2001, p. 45).

Votre remarque en appelle une autre, d'ordre plus général. Ne nous faisons pas d'illusion, aucune source d'énergie ne sera sans problème. Les barrages hydroélectriques inondent de vastes territoires et modifient les paysages. La biomasse à grande échelle pourrait nuire à la biodiversité. Mais entre le gaz carbonique, les déchets nucléaires et ces problèmes, il faut choisir...

Il faut limiter les dégâts, mais forcément en accepter quelques-uns. Selon l'expression populaire, « on ne peut pas avoir à la fois le beurre et l'argent du beurre ». Au risque de retourner à l'âge de pierre...

Pour revenir aux éoliennes, une solution très populaire aujourd'hui est de les placer en mer. Double avantage : elles sont moins visibles et le vent y souffle plus fort. Aux États-Unis, où l'énergie éolienne pourrait rapidement atteindre plus de 12 %, on construit en ce moment une structure dans la mer, à 8 kilomètres des côtes du Massachusetts *(planche VII)*.

Quels sont les autres modes d'extraction de l'énergie solaire ?

Les plantes combinent l'eau et le gaz carbonique de l'air pour fabriquer des substances végétales et dégager de l'oxygène. À l'échelle mondiale, l'énergie produite par la combustion des arbres pourrait donner d'une façon durable l'équivalent de vingt réacteurs. De plus, en brûlant les ordures ménagères et les résidus agricoles (pailles), on pourrait atteindre à l'échelle mondiale l'équivalent de quatorze réacteurs supplémentaires. Le CO_2 émis par cette opération a été auparavant extrait de l'atmosphère par la croissance des plantes. Bilan net : il n'y a pas de CO_2 additionnel[25].

Enfin, l'énergie solaire peut être directement transformée en courant électrique par l'effet photoélectrique utilisé au moyen de panneaux solaires[26] *(figure 2.3)*. Le chauffage et l'électrification solaire des maisons sont aussi en plein développement dans de nombreux pays[27]. Des projets de tours solaires[28] et même de satellites capteurs d'énergie solaire[29] sont en cours d'élaboration.

L'hydrogène

On parle beaucoup de l'hydrogène comme source d'énergie pour le futur.

Attention, les mots ici peuvent porter à confusion ! Le mot « hydrogène » comme source d'énergie est employé dans deux contextes complètement différents.

Il y a, d'une part, la fusion de l'hydrogène en hélium, comme dans le Soleil et les bombes H. Cette énergie est d'origine nucléaire ; elle est dégagée par les noyaux atomiques. On en parlera un peu plus loin.

Il y a, d'autre part, la combinaison de l'hydrogène et de l'oxygène pour faire de l'eau (comme dans les fusées spatiales). Cette énergie est d'origine atomique (elle est dégagée par la combinaison des atomes en molécules).

Autre différence importante : la combinaison de l'hydrogène en eau ne fait que rendre l'énergie qu'on a dépensée pour, au départ, séparer l'eau en hydrogène. En ce sens, ce n'est pas une énergie primaire (comme le pétrole), mais une énergie secondaire. Elle n'augmente pas nos disponibilités

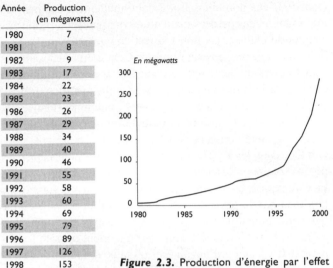

Année	Production (en mégawatts)
1980	7
1981	8
1982	9
1983	17
1984	22
1985	23
1986	26
1987	29
1988	34
1989	40
1990	46
1991	55
1992	58
1993	60
1994	69
1995	79
1996	89
1997	126
1998	153
1999	201
2000	288

Figure 2.3. Production d'énergie par l'effet photovoltaïque (panneaux solaires) depuis 1980 (*Vital Signs*, 2001, p. 47).

en énergie, elle permet de les distribuer autrement. Sur de grandes distances, le transport de l'hydrogène est moins coûteux que celui de l'électricité, et on pourrait également l'utiliser pour des voitures ou des autobus. Certains véhicules à hydrogène pourraient être commercialisés vers 2010 [30].

À quelle échelle de temps pouvons-nous envisager de maîtriser parfaitement tous ces modes de production d'énergies renouvelables ?

Dans tous ces domaines il y a continuellement des progrès importants et des percées inattendues qui rendent difficile une estimation réaliste. En fait, tout est une question de volonté politique et de moyens économiques. Or, même si des efforts sont faits, notre fâcheuse tendance à ne penser qu'à court terme retarde la mise en œuvre de moyens massifs.

Il y a une dizaine d'années, après une conférence donnée aux ingénieurs d'EDF, je leur ai demandé pourquoi ils avaient abandonné leurs travaux de développement de l'expérience Odeillo, dans les Pyrénées (un grand miroir pour capter les rayons solaires). Réponse textuelle : « Ça n'était pas rentable face au pétrole ! » Je leur ai répondu que s'il y a encore des hommes sur la terre dans quelques milliers d'années (ce que nous souhaitons tous), le pétrole sera épuisé depuis longtemps et le solaire jouera alors certainement un rôle fondamental. C'est aujourd'hui que ces travaux auraient trouvé leur rentabilité. « Oui, bien sûr », m'ont-ils répondu, l'air vaguement amusé. Cela m'est apparu comme un exemple typique d'irresponsabilité. L'absence de prévision à long terme ne peut avoir que des effets négatifs. On les voit déjà dans le retard pris en France dans le développement des énergies renouvelables[31].

La fusion nucléaire

Vous évoquiez aussi la fusion nucléaire contrôlée comme énergie du futur. Puisque le Soleil en fait sa source d'énergie, nous devrions aussi y parvenir ?

Le Soleil, effectivement, tout comme les autres étoiles, extrait son énergie de la transformation de l'hydrogène en hélium. Nous y sommes arrivés en faisant exploser des bombes H comme à Bikini, à Mururoa et en Nouvelle-Zemble (Sibérie). Le problème, encore non résolu, est le contrôle de ce débit d'énergie.

Les efforts pour obtenir la fusion contrôlée sur notre planète font l'objet de travaux considérables dans de multiples laboratoires depuis plus de cinquante ans[32]. Bien que des progrès appréciables aient été accomplis et continuent à l'être, on est encore loin de la rentabilité. Pour certains, elle ne sera jamais réalisée. D'autres, plus optimistes, pensent qu'on pourrait y parvenir avant la fin de ce siècle. Les paris sont ouverts. Le sujet est présenté en annexe (voir Annexe 2.3, p. 110).

Ne croyez-vous pas qu'on finira par trouver d'autres sources d'énergie ?

Vous avez raison de poser cette question. La science progresse et de nouvelles découvertes se font régulièrement. Il n'est pas impossible, mais ce n'est pas du tout certain, que de nouvelles formes d'énergie soient trouvées dans un avenir plus ou moins éloigné. Mais il me paraîtrait fort peu sage de trop compter là-dessus. C'est encore « la fuite en avant ». Il faut éviter de laisser à l'avenir le soin hypothétique de trouver des solutions à nos problèmes contemporains. On ne peut s'appuyer fermement que sur le présent.

Pour la chaleur interne de la Terre, dont on parle souvent, à part celle des sources chaudes déjà utilisées en Islande par exemple, mais qui ne présentent qu'une très faible partie de l'énergie requise, les difficultés pour aller la chercher en profondeur sont gigantesques et la date de rentabilité est totalement imprévisible. De même, l'utilisation massive des marées, des courants marins et des vagues reste encore dans le domaine du futur lointain.

Que faire ?

Nous sommes donc engagés dans une période très délicate où il faut conjuguer simultanément trois impératifs presque contradictoires : continuer de satisfaire les besoins énergétiques des humains, diminuer de manière très significative les émissions de gaz carbonique et éviter les problèmes liés au nucléaire. Quelles sont vos conclusions et vos recommandations ?

Pour éclairer nos réflexions, il convient de tenter de décrire la situation énergétique mondiale à la fin de ce siècle (en 2100) selon les données présentes ou prévisibles…

La demande mondiale actuelle de 12 TW (voir page 67 l'encadré « Énergie et puissance ») aura vraisemblablement doublé d'ici à 2050 (24 TW). Supposons qu'elle se soit stabilisée à cette valeur et considérons différentes hypothèses d'utilisation des énergies à ce moment-là.

Hypothèse 1. Cette énergie nous vient encore majoritairement des combustibles fossiles. Résultat : on aura largement épuisé le gaz et le pétrole (réserves : 1 200 TW-an chacun) et/ou il restera à peu près la moitié du charbon (réserves : 4 800 TW-an). Le gaz carbonique aura plus que doublé dans l'atmosphère et les perturbations climatiques seront vraisemblablement énormes si l'on n'a pas réussi à séquestrer le carbone.

Hypothèse 2. Le nucléaire s'est imposé partout et fournit la moitié de la demande. Les réacteurs conventionnels s'arrêteront faute de combustibles (réserves actuelles d'uranium-235 : 300 TW-an ; l'uranium océanique ne compte pratiquement pas).

On aura mis au point des surgénérateurs ou d'autres réacteurs innovants utilisant comme combustibles l'uranium-238 et le thorium-232 (réserves actuelles totales : 80 000 TW-an, soit quatre mille ans d'utilisation).

La Terre sera recouverte alors de l'équivalent de dix mille réacteurs d'un gigawatt (probablement de type surgénérateur analogue à Creys-Malville, mais dont le prototype est encore à l'état expérimental). Ils devront être sécurisés (« fuite en avant ») et acceptés par les citoyens (longue fuite en avant). On les aura construits et rendus opérationnels à un rythme supérieur à cent par an ! Il faudra les démanteler après moins d'un siècle. Ne parlons pas du terrorisme, des déchets nucléaires et des transports ferroviaires sous haute surveillance, pas plus que du réchauffement des eaux fluviales.

Quatre mille ans, peu de chose à l'échelle de l'espèce humaine, c'est la période écoulée depuis l'Empire égyptien. Dans un laps de temps équivalent dans le futur, la fission se terminera faute de combustible et en ayant laissé derrière elle à nos descendants des centaines de milliers de réacteurs à démanteler. Ici l'expression « après moi le déluge » prend tout son sens.

Hypothèse 3A. On a rentabilisé la fusion contrôlée (fuite en avant) avec le mélange deutérium-tritium, dont la durée est limitée par les réserves de lithium-6, un élément presque aussi rare que l'uranium.

Hypothèse 3B. On a rentabilisé la fusion contrôlée avec le deutérium (fuite très en avant). La solution est valable pour des milliards d'années…

Dans les deux cas de figure on aura toujours environ dix mille réacteurs d'un gigawatt à remplacer après une durée bien inférieure à un siècle.

Hypothèse 4. Les énergies renouvelables fournissent la majeure partie de l'énergie demandée. D'immenses surfaces seront recouvertes d'éoliennes (technologie bien maîtrisée), de panneaux solaires et autres moyens de récupérer l'énergie solaire. La source d'énergie durera aussi longtemps que le Soleil (cinq milliards d'années). Si les éoliennes seules devaient fournir l'énergie requise, il faudrait en compter environ soixante millions pour la planète entière et pour la France un demi-million (cinq mille par département). Mais ce nombre d'éoliennes requis pourrait être considérablement diminué par l'utilisation d'autres formes d'énergie solaire (biomasse, panneaux solaires, hydrolyse de l'eau). Cent mille tours solaires de type australien (technologie non encore maîtrisée) satisferaient la demande mondiale d'énergie, sans parler des panneaux en orbite (technologie non maîtrisée).

Comment réagir dans l'immédiat ?

En attendant la transition vers des énergies renouvelables, le nucléaire à neutrons lents est sans doute un moindre mal face à l'augmentation de l'effet de serre. Mais comme disent les Suédois, « il faut s'en débarrasser le plus vite possible ». Notre premier impératif est de stopper la croissance de la température et donc d'éviter les scénarios catastrophes décrits dans le Prologue.

Des décisions importantes doivent être prises pour l'avenir à plus long terme. Nos dirigeants nous parlent avec raison de la nécessité de diversifier les sources d'énergie. Rappelons encore une fois que le nucléaire à neutrons lents sera épuisé

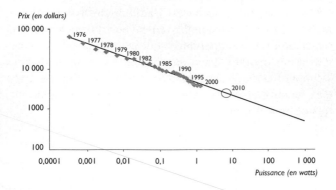

Figure 2.4. Décroissance du prix moyen des modules photovoltaïques (en dollars américains 1999 par watt) depuis 1976. En ordonnée : le prix moyen d'un module photovoltaïque divisé par sa puissance maximale en fonction de la puissance totale engendrée par tous les modules vendus. Le prix tombe de 20 % chaque fois que les ventes doublent.

en moins d'un siècle et que le nucléaire à neutrons rapides exigera pour sa mise en place des développements techniques très importants et par conséquent des investissements considérables.

Les problèmes du renouvelable sont différents. D'excellentes techniques existent déjà, même si des recherches sont encore requises pour en améliorer l'efficacité[33]. C'est surtout une question de coût du kilowatt-heure. Il s'abaissera si son usage est répandu dans le grand public, amenant une fabrication massive des composantes. Et pour cela des aides de l'État sont requises, par exemple sous forme de subventions à l'achat des composantes et de rachat de l'électricité par l'EDF à des prix intéressants.

Mais en pratique quelle est l'attitude des nos gouvernements? Les investissements en faveur du nucléaire sont massivement plus importants[34] que ceux en faveur des énergies renouvelables. Face aux limitations temporelles des solutions nucléaires, en regard de la durée illimitée des énergies renouvelables, la politique contemporaine paraît, une fois de plus, une politique à courte vue.

Nimby et Nimto

> « *Le minimum [d'actions, de dépenses, d'investissements...] scientifiquement nécessaire pour combattre le réchauffement de la planète dépasse largement le maximum politiquement faisable pour ne pas perdre les prochaines élections.* »
>
> Al Gore, 2000

Ces deux expressions américaines illustrent bien un des plus sérieux aspects du problème de l'énergie pour l'avenir. Nimby (*not in my back-yard*) signifie « pas dans ma cour » et Nimto (*not in my term of office*), « pas durant mon mandat électoral ». On touche ici au problème des résistances des citoyens à accepter les solutions proposées pour stopper le réchauffement.

La relance des surgénérateurs, amenant à la construction de milliers de nouveaux réacteurs, ainsi que de lieux de dépôt des déchets (« pas dans ma cour »), risque de rencontrer une opposition très musclée (d'autant plus puissante qu'elle contient également une forte dimension émotive) qui fera reculer les ministres les plus décidés (« pas durant mon mandat électoral »). Le recours aux décisions par décret pourrait être politiquement encore plus catastrophique. Résultat vraisemblable de cette opposition du public : on fera traîner l'affaire jusqu'à l'épuisement des énergies fossiles.

La résistance aux solutions renouvelables, réelle aussi (campagne Nimby contre les éoliennes) sera vraisemblablement beaucoup moins intense. Une raison concrète de plus pour favoriser le solaire plutôt que le nucléaire.

RÉSUMÉ DE LA SITUATION ÉNERGÉTIQUE
POUR LE XXIᵉ SIÈCLE ET AU-DELÀ

Situation en 2003
Consommation énergétique mondiale : 12 TW (équivalant à
12 000 réacteurs de 1 GW)

Prévision pour 2050
24 TW, stabilisation ?

Réserves
• Pétrole : 1 200 TW-an = 50 ans (Odac)
• Gaz : 1 200 TW-an = 50 ans
• Charbon : 4 800 TW-an = 200 ans
• Nucléaire à neutrons lents (uranium-235), 17 millions de
  tonnes (Michel Jorda, CEA) : 300 TW-an = 12 ans
  Uranium océanique : production beaucoup trop lente
  La « relance » du nucléaire conventionnel n'atteindra pas la
  fin du XXIᵉ siècle.
• Nucléaire à neutrons rapides (uranium-238 et thorium-
  232) : 30 000 TW-an = 1 200 ans
• Fusion thermonucléaire deutérium-tritium : non maîtrisée.
  Rentabilité ? Quelques milliers d'années ; limitée par la
  quantité du lithium.
• Fusion thermonucléaire deutérium-deutérium : beaucoup
  plus difficile que la précédente. Utopique ? Milliards
  d'années.

Énergies renouvelables (hydraulique, éoliennes, chauffage
solaire, photovoltaïque, etc.)
• Milliards d'années.
• Rendement énergétique encore trop faible.

Scénario 2100
On suppose une diversification à peu près égale des sources d'énergie pour atteindre 24 TW.

Réserves
- Énergies fossiles : largement épuisées
  (Effet de serre : réchauffement de plusieurs degrés)
- Nucléaire à neutrons lents : épuisées
- Nucléaire à neutrons rapides : 10 000 réacteurs (150 en France). Construction de 100 par année, d'un modèle à l'état expérimental (surgénérateur ? rubbiatrons ? fusion de l'hydrogène ?) qui serait parfaitement maîtrisé contre les accidents et le terrorisme et accepté du public.

Éoliennes
- 10 millions dans le monde (100 000 en France) !

Chauffage solaire, cellule photovoltaïque
(Technologie maîtrisée)
- Tours solaires australiennes, panneaux dans l'espace
  (Technologies non maîtrisées)

Scénario 4000
Le nucléaire est largement épuisé (sauf peut être la fusion d-d)
Énergies renouvelables toujours présentes

Recommandations
Favoriser le développement rapide et massif des techniques déjà maîtrisées, à devis évaluables, à risques minimaux, et pérennes.

ANNEXES

2.1. Origine et histoire de l'énergie nucléaire

L'espace interstellaire contient une grande variété d'atomes radioactifs comme l'uranium et le plutonium. Créés à l'intérieur des étoiles, ils sont dispersés dans l'espace à la mort de celles-ci. Après un certain temps spécifique à chaque espèce, ces atomes se désagrègent d'eux-mêmes. Ils se cassent en plusieurs morceaux : un phénomène appelé « fission » et qui dégage beaucoup d'énergie. Quand le système solaire s'est formé, il y a quatre milliards et demi d'années, la nébuleuse dont il provenait contenait une faible fraction d'atomes d'uranium, de thorium et d'autres atomes radioactifs également engendrés par les générations d'étoiles antérieures.

Les pierres qui constituent le socle rocheux de la Terre ont hérité de certaines quantités d'atomes radioactifs de durée de vie très variée. Un isotope de l'aluminium (l'aluminium-26), de durée de vie d'environ un million d'années, a joué un rôle particulièrement important dans le réchauffement de la Terre primitive. Sa désintégration a déposé au cœur de notre planète une chaleur initiale qui, depuis ce temps, se dégage lentement vers la surface et vers l'espace, provoquant les mouvements responsables de la dérive des continents, des éruptions volcaniques et des tremblements de terre, mais aussi des émissions de gaz qui, pendant des milliards d'années, ont permis à la Terre de garder une température au-dessus du 0 °C, et à l'eau de rester liquide, comme nous l'avons évoqué précédemment.

Cette chaleur a également permis la décantation des éléments chimiques. Le fer et quelques autres éléments se sont retrouvés au centre de la planète, tandis qu'un grand nombre d'autres, dont le silicium et l'uranium, se sont installés dans les couches supérieures. Depuis cette période, les éléments radioactifs décroissent à leur rythme propre.

À cause de leur longue durée de vie, l'uranium et le thorium incorporés dans le sol terrestre ne se sont pas entièrement désintégrés. Il suffit de mettre la main sur ces pierres pour sentir la chaleur dégagée par les désintégrations. Il en reste des quantités importantes concentrées sous forme de minerai, qu'on extrait aujourd'hui dans des mines spécifiques.

Les propriétés radioactives de l'uranium ont été découvertes en 1900 par Henri Becquerel. Quelques années plus tard, Marie Curie mettait en lumière l'existence de nombreux éléments radioactifs (uranides) issus de la désintégration spontanée de l'uranium et du thorium. Vers 1936, on découvrait une propriété particulièrement importante de ces uranides : la possibilité d'accélérer leur désintégration en les bombardant avec des neutrons (désintégration induite), et plus tard la possibilité de réactions en chaîne : en se désintégrant, les noyaux d'uranium éjectent des neutrons de leurs noyaux, qui peuvent à leur tour provoquer la désintégration d'autres noyaux, etc. Ces fissions successives peuvent dégager une grande quantité d'énergie. Cette opération a donné lieu à deux applications différentes : les réacteurs nucléaires et les bombes atomiques.

La différence fondamentale entre le nucléaire civil et le nucléaire militaire est essentiellement une question de dosage. Pour les réacteurs, on garde le taux de réaction sous contrôle. On ajuste les propriétés du réacteur pour que les réactions se poursuivent à un rythme régulier. Pour une bombe, on l'accélère au maximum. L'énergie est émise en un bref instant.

2.2. Déchets nucléaires

« Les déchets nucléaires, on sait quoi en faire », écrit François Sorin dans *Libération*. Pourtant la littérature sur ce sujet est moins convaincante. Le cas des États-Unis est particulièrement troublant. Ayant accumulé plus de deux cent mille tonnes de déchets au cours des années passées, ils ont résolu de les enfouir sous terre dans un « reposoir » approprié, où ils pouvaient être confinés le temps requis pour la décroissance radioactive naturelle (près de cent mille ans). Leur choix s'est porté sur le mont Yucca, vraisemblablement le meilleur (et selon certains le seul) site aux États-Unis possédant les qualités requises. Et c'est là que commence une série de problèmes qui ont fait traîner l'affaire depuis des décennies et dépenser des sommes énormes. Les sénateurs du Nevada et les représentants au Congrès se sont opposés au stockage dans l'État (voir « Nevada takes nuclear waste case to court », *Nature*, vol. 415, 3 janvier 2002, p. 6).

Ils ont intenté une action en justice contre le Departement of Energy (DOE), faisant état de possibilités d'intrusion volcanique qui pourrait abîmer les contenants, et laisser dès lors les matières radioactives s'échapper et atteindre les nappes phréatiques. Bien que la probabilité soit faible, elle est jugée à l'échelle de dizaines de milliers d'années inacceptable par la Nuclear Regulatory Commission (NRC).

Selon le rapport d'un spécialiste (Rodney C. Ewing, « Yucca Mountain », *Science*, vol. 296, 26 avril 2002, p. 659), « le dépôt de déchets radioactifs à Yucca est fondé sur une stratégie d'ingénierie non justifiée et une utilisation inadéquate de nos connaissances actuelles des propriétés des déchets radioactifs ».

Plusieurs scientifiques considèrent aujourd'hui que si la décision de déposer les déchets au mont Yucca n'est pas prise rapidement et que les déchets ayant une radioactivité de haut niveau doivent continuer à être stockés à la surface de la Terre, le futur de l'énergie nucléaire aux États-Unis est compromis, et il est peu probable que ce pays construise d'autres centrales nucléaires. Aussi est-il à craindre que la décision de les enfouir dans le mont Yucca (qui a maintenant été prise), soit plus influencée par ces facteurs que par la réalité des choses.

Aux dernières nouvelles (*Le Monde diplomatique*, février 2002, p. 20), les États-Unis négocieraient avec la Russie la possibilité d'envoyer les déchets en Sibérie (20 000 tonnes de déchets radioactifs contre 20 milliards de dollars). Vu l'état de délabrement de la technologie russe, on peut imaginer la qualité de la gestion de ces dépôts.

Le même numéro du *Monde diplomatique* nous apprend qu'un journaliste russe a été condamné à quatre ans de prison pour avoir filmé la marine russe rejetant des résidus radioactifs dans la mer du Japon.

Bibliographie

F. Sorin, « Les déchets nucléaires on sait quoi en faire », *Libération*, 20 mai 2002, p. 5.

C. Macilwain, « Out of sight, out of mind », *Nature*, vol. 412, 30 août 2001, p. 850.

« Nevada takes nuclear waste case to court », *Nature*, vol. 415, 3 janvier 2002, p. 6.

D. Gallois, « Le choix de l'énergie nucléaire : les interrogations portent sur le sort des déchets radioactifs », *Le Monde*, 14-15 avril 2002.

« Zones sales en Russie », *Le Monde diplomatique*, février 2002.

Nature, 30 août 2002.

Physics World, juillet 2001.

« Gestion des déchets », *Les Défis du CEA*, mai 2002, p. 28.

Commission française du développement durable (CFDD), « Étude économique prospective de la filière électrique nucléaire », avis n° 2001-05, février 2001.

2.3. Fusion contrôlée de l'hydrogène

C'est la source d'énergie du Soleil et des étoiles. Quatre atomes d'hydrogène se combinent sous l'effet de la force nucléaire pour produire de l'hélium (par la réaction proton-proton). La masse d'un atome d'hélium est inférieure d'un peu moins de 1 % à la masse combinée des quatre atomes d'hydrogène. La différence est émise sous forme de chaleur (la fameuse équation $E = mc^2$!).

Mais une telle réaction ne peut se produire qu'à très haute température ou à très haute densité. Au centre du Soleil, il fait quinze millions de degrés Celcius. La raison est simple : les protons (noyaux des atomes d'hydrogène), chargés électriquement, se repoussent. Sauf si on les rapproche suffisamment pour que l'attraction nucléaire prenne le dessus sur la répulsion électrostatique. Il faut pratiquement qu'ils se touchent. Ils entrent alors en fusion et forment des noyaux d'hélium avec dégagement d'énergie.

Nous savons produire temporairement des conditions appropriées dans les laboratoires (nous avons atteint 50 millions de degrés Celsius pendant des temps de l'ordre de quelques microsecondes). Mais le problème est de les maintenir et de les faire perdurer suffisamment longtemps pour en extraire une quantité importante d'énergie. Aucune substance solide – métaux ou céramiques – ne peut rester stable au-delà de quelques milliers de degrés.

Une première technique est la « fusion par confinement magnétique », ou Tokomak, nom d'un prototype russe. Contrairement aux substances solides, les champs magnétiques ne sont pas affectés par les plus hautes températures. Il s'agit donc de créer des sortes de cages magnétiques où les atomes d'hydrogène restent enfermés à de très hautes températures suffisamment longtemps pour que la transmutation se réalise. Mais l'étanchéité de ces cages n'est pas parfaite, et les problèmes de fuite compliquent singulièrement la situation. Des prototypes toujours plus étanches ont été élaborés au cours des dernières décennies. Les progrès sont réels, des transmutations ont été obtenues, mais l'énergie dégagée par la manipulation reste très inférieure à celle qui a été obtenue par la fusion. L'objectif de rentabilité supposant évidemment qu'elle lui soit bien supérieure.

Ce projet, après bien des déboires, semble aujourd'hui reprendre vie avec la préparation d'un nouvel instrument appelé Iter (International Thermonuclear Experimental Reactor), fruit d'une collaboration internationale. Après avoir cessé d'y apporter leur concours, les États-Unis, longtemps sceptiques, y portent un intérêt renouvelé. Des pourparlers sont en cours.

Les États-Unis et la France s'intéressent également à une deuxième technique de fusion de l'hydrogène en hélium appelée « fusion inertielle ». Ici des coquilles creuses de glaces d'hydrogènes lourds (deutérium et tritium) de quelques millimètres sont violemment comprimées par de puissants faisceaux laser (appelés « lasers mégajoules » en France) pendant quelques milliardièmes de seconde. La densité peut atteindre quatre cents fois celle de l'eau et la pression un milliard de fois celle de l'atmosphère. La fusion est réalisée, mais l'énergie obtenue n'est toujours que de l'ordre du millième de l'énergie injectée. Pour devenir opérationnelle, elle devrait être vingt fois supérieure. Selon Michael Key, du laboratoire de Livermore, cette technique est « prometteuse mais spéculative jusqu'à ce que l'on ait fait beaucoup plus de travail ».

La fusion contrôlée de l'hydrogène serait un mode de production énergétique très avantageux. Pas de transport de déchets radioactifs ; pas de risques d'emballement ; soixante fois plus d'énergie produite par gramme que la fission ; pas d'utilisation militaire possible. Mais les inconvénients seraient également nombreux. Les réacteurs étant irradiés par les neutrons très énergétiques (14 Mev) issus de la réaction, leur durée de vie serait semblable à celle des réacteurs à fission. Il faudrait également les démanteler avec tous les problèmes que cela pose.

Autre difficulté de cette technique : l'utilisation du tritium, un hydrogène lourd radioactif (durée : 12 ans) qui diffuse très facilement à travers les parois et se propage dans le paysage. D'où un nouveau problème d'étanchéité.

De plus ce tritium n'existe pas à l'état libre dans la nature ; on l'obtient à partir du lithium, un élément presque aussi rare que l'uranium et dont les ressources sont également très limitées. En d'autres termes, la fusion contrôlée obtenue avec du tritium n'est pas une source intarissable, loin s'en faut.

Ce n'est que dans une version ultérieure et encore plus difficile (il faudra atteindre des températures encore plus élevées) que l'on pourra se passer de tritium et n'utiliser que l'hydrogène de l'eau de mer, enfin une ressource pratiquement inépuisable.

La réaction idéale pour réaliser la fusion contrôlée serait l'irradiation de noyaux de bore (isotope-11) avec des protons, produisant des noyaux de carbone-12, sans neutrons mais avec des rayons gamma (plus faciles à gérer). Mais il faudrait des températures atteignant des centaines de millions de degrés. Un objectif encore bien lointain.

Bibliographie

Michael H. KEY, « Fast track to fusion energy », *Nature*, vol. 412, 23 août 2001, p. 775.

Ian COOK, « Fusion optimism », *Physics World*, octobre 2001, p. 20.

William TRIPLETT, « Crushing victory could help in quest for fusion energy », *Nature*, vol. 413, 27 septembre 2001, p. 338.

Sites Internet

www.fusion.org.uk
www.ofe.er.doe.gov

3. Qu'est-ce qu'on va manger ce soir ?

« Les forêts précèdent les peuples, les déserts les suivent. »

F. R. de Chateaubriand

Pression démographique et ressources alimentaires

Frédéric Lenoir – Vous venez d'évoquer l'épuisement des ressources énergétiques. Qu'en est-il des ressources en eau douce et en nourriture ? La formidable poussée démographique que nous avons connue au XXe siècle n'a-t-elle pas provoqué un épuisement des sols et des réserves mondiales d'eau ? Tous les hommes pourront-ils boire et manger à leur faim en 2050 ?

Hubert Reeves – Je voudrais d'abord citer une boutade de Woody Allen dans son film *Hannah et ses sœurs*. « Il y a quatre grandes questions : d'où venons-nous ? qui sommes nous ? où allons-nous ? et qu'est-ce qu'on va manger ce soir ? » La question prend toute sa portée si le soir en question se situe en 2050 *(planche VIII)…*

Un point capital à souligner d'entrée de jeu : l'explosion démographique catastrophique souvent prédite n'aura vraisemblablement pas lieu. Un infléchissement est déjà visible dans presque toutes les régions de la planète[1]. Il y a de bonnes raisons de penser que la population mondiale, qui compte aujourd'hui six milliards d'habitants, va se stabiliser vers le milieu du siècle autour de huit à dix milliards (voir encadré : « L'accroissement de la population humaine », p. 117) *(figures 3.1 et 3.2)*.

Selon certains, elle pourrait même diminuer sensiblement par la suite à cause de la détérioration de la planète et de l'effet de certaines toxines sur la capacité de reproduction des êtres humains (note 15 du prologue). Nous n'avons donc plus à redouter qu'une croissance exponentielle de la population n'épuise les ressources alimentaires et l'eau potable en quelques décennies.

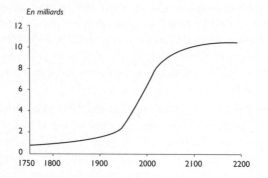

En milliards

Figure 3.1. Population mondiale de 1750 à 2200 (estimation de l'ONU).

L'ACCROISSEMENT DE LA POPULATION HUMAINE

Voici quelques chiffres issus de sources diverses, sachant que les estimations du lointain passé sont difficiles et sujettes à caution.

Il y a deux millions d'années, la population des hominiens aurait été d'environ dix mille habitants. Il y a dix mille ans, elle avait atteint dix millions d'habitants, sans doute en raison de l'accroissement considérable des vivres, dû au développement de l'élevage et de l'agriculture.

De trois cents millions pendant l'Empire romain, elle passe à huit cents millions au début de l'ère industrielle (1750). De là, on assiste à une nouvelle accélération, liée aux innovations techniques : 1 milliard en 1800 ; 1,7 milliard en 1900 ; 2,5 milliards en 1950 ; 4 milliards en 1978 ; 6 milliards en 2000.

Le temps de doublement de la population a subi la même accélération. Il est de 100 000 ans il y a deux millions d'années ; de 2 500 ans il y a dix mille ans ; de 200 ans en 1750 ; de 120 ans en 1900 ; de 60 ans en 1950 et de 35 ans en 1978.

L'accélération rapide après la Seconde Guerre mondiale est due à la vaccination et à une meilleure alimentation des populations. Depuis les années 1960-1970, la population tend à se stabiliser, vraisemblablement en raison de l'urbanisation, de l'éducation des femmes, de la contraception, mais aussi à cause du sida (20 millions de morts). L'accroissement maximal se situe en 1988 avec 8,6 millions d'habitants supplémentaires. En 1998, il fut de 7,8 millions. Le taux annuel de croissance est passé de plus de 2 % en 1960 à environ 1,2 % en 2000.

On évalue à 85 % la probabilité que la population mondiale cesse de croître avant 2100 et à 60 % la probabilité qu'elle ne dépasse pas dix milliards (source : *Nature*, 2 août 2001).

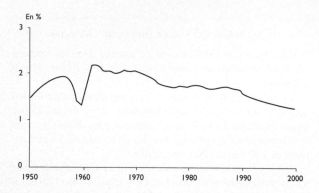

Figure 3.2. Variation du taux d'accroissement annuel de la population mondiale. Après un maximum de 2,2 % pendant les années 1960, le taux est maintenant inférieur à 1,5 %, laissant prévoir une stabilisation de la population mondiale (aujourd'hui de 6 milliards) autour de 8 à 10 milliards d'habitants vers le milieu du XXIᵉ siècle (*Vital Signs*, 2002, p. 89).

Depuis quelque temps, le problème de la faim a perdu de son ampleur sur la planète. Hormis certaines régions d'Afrique, qui connaissent encore malheureusement des famines endémiques et celles provoquées par des idéologies politiques, les grandes pénuries alimentaires que l'humanité a connues régulièrement tout au long de son histoire ont largement disparu. Les stocks accumulés par les organismes internationaux, rapidement véhiculés par les transports aériens, permettent de faire face aux situations de crise (tempêtes, tremblements de terre, exode de réfugiés…).

Les fameuses famines de l'an 2000 annoncées vers le milieu du XXᵉ siècle, du fait de l'accroissement rapide de la population mondiale, n'ont pas eu lieu grâce à ce qu'on a appelé la « révolution verte ». L'étude scientifique des modes de croissance des végétaux, le développement d'une technologie efficace dans l'utilisation des engrais azotés ont accru un peu partout sur la planète le rendement des récoltes. Entre 1950 et 2000, la production mondiale de céréales – le principal produit des terres cultivables – est passée de 600 à 1 900 millions de tonnes, soit de 250 à 300 kilos par personne, ce qui constitue un accroissement plus rapide que celui de la population. Le produit des pêches maritimes est passé de vingt millions à quatre-vingt-dix millions de tonnes de 1950 à 1998. La croissance de la pêche a été le double de la croissance démographique, même si maintenant elle ne compte plus que pour 7 % dans l'alimentation mondiale. En somme, la faim dans le monde a régressé jusqu'à un point probablement jamais connu dans l'histoire.

Certes, mais on recense encore un peu plus d'un milliard d'êtres humains, soit un habitant du monde sur six, qui vit dans une extrême précarité et ne mange pas à sa faim.

Nous ne pouvons que déplorer ce scandale du fossé Nord-Sud et la disparité des richesses (nous y reviendrons longuement dans le chapitre 6 de ce livre). Car c'est un problème crucial pour l'avenir de la planète. Deux régions du monde sont encore touchées par des famines chroniques : l'Inde et l'Afrique subsaharienne. Les causes sont les mêmes : un accroissement démographique très fort et une faible productivité agricole liée à des problèmes de terres arides, de sécheresse, de manque d'eau. Le sous-continent indien compte chaque année vingt millions d'habitants en plus.

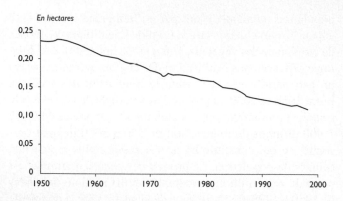

Figure 3.3. La surface assignée aux cultures de céréales par habitant de la Terre est passée de 0,23 hectare en 1950 à 0,12 hectare en 2000 (*Vital Signs*, 1999, p. 43).

Tant qu'on n'aura pas résolu ce problème démographique, aucune solution durable ne pourra être trouvée dans ces régions. Mais la faim subsisterait dans de nombreuses autres parties du monde si nous n'avions pas réussi ce boom de rendement dans la production agricole grâce à la révolution technologique. Au cours des vingt dernières années, l'Asie de l'Est et l'Amérique latine ont presque totalement vaincu ce fléau de la faim. En Chine, par exemple, la proportion d'habitants victimes de malnutrition est passée de 30 % en 1980 à 10 % en 2000.

Est-ce une situation durable ?

La question qui se pose aujourd'hui est de savoir si nous allons pouvoir répondre aux besoins alimentaires d'une population qui va continuer vraisemblablement de progresser jusqu'en 2050. On peut s'inquiéter pour plusieurs raisons. Depuis quelques années (autour de 1995), la révolution verte montre des signes sérieux d'essoufflement. La production mondiale de céréales a commencé à décroître en 1984, tombant de 342 kilos à 308 kilos par personne entre 1984 et 2000[2].

Pour nourrir les populations qui continuent de croître, il faudrait considérablement augmenter la production. Or, les quotas actuels s'appuient déjà sur une exploitation non durable de la Terre et de l'eau. Nous utilisons plus de la moitié des réserves d'eau fraîche. Nous vivons sur notre « capital » et non pas sur nos intérêts, ce qui n'est pas une situation saine[3]. Et la gravité de la situation se manifeste sous de nombreux aspects.

Pouvez-vous en donner des exemples concrets ?

L'un des aspects les plus préoccupants est la diminution de la surface arable, c'est-à-dire de la terre que l'on peut labourer. Plus de 60 000 kilomètres carrés de terres arables (ce qui représente une surface égale à la Belgique et aux Pays-Bas réunis) disparaissent chaque année *(figure 3.3)*. Les causes sont diverses. L'urbanisation rapide, le développement de zones industrielles et les réseaux de transports routiers font disparaître de larges quantités de terres fertiles, en particulier autour des grandes villes (en Chine, au Mexique, etc.).

À cela s'ajoute la pollution des sols provoquée par la culture intensive. Pour accroître leurs moissons, les agriculteurs utilisent de plus en plus de fertilisants, de pesticides et d'eau *(figure 3.4)*. Les fertilisants chimiques rendent les sols plus compacts et plus vulnérables à la sécheresse et à l'éro-

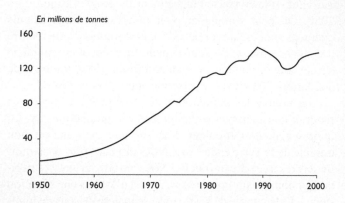

Figure 3.4. Augmentation de la quantité de fertilisants utilisés depuis 1950 (*Vital Signs*, 2001, p. 33).

sion. Les nitrates se retrouvent dans les eaux côtières, où ils provoquent une destruction importante des poissons. L'irrigation entraîne l'évaporation massive d'eau, laissant en dépôt des sels qui rendent le sol stérile.

De vastes régions du Pakistan sont devenues des déserts. Entre 1980 et 1998, le Kazakhstan, un des grands producteurs de grains, a perdu la moitié de son sol arable par l'érosion du vent. Du fait d'un surpompage des eaux souterraines, le désert de Gobi ne cesse de gagner du terrain au détriment des pâturages. En Haïti, la moitié des terres cultivables ne l'est plus. En 2020, les régions peuplées d'Asie n'auront plus de sol arable supplémentaire. On assiste un peu partout à un appauvrissement des terres *(figure 3.5)*.

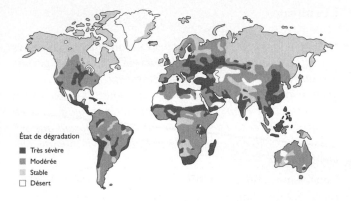

Figure 3.5. La dégradation des terres dans le monde, par le surpâturage, la déforestation, l'irrigation excessive, etc. Les régions cultivables s'amenuisent progressivement.

La désertification se poursuit à un rythme galopant. En 1980, le tiers de la surface des continents était désertique. On prévoit que cette fraction passera à 40 % en 2010 et peut-être à 50 % en 2020.

De surcroît, les dérèglements climatiques mondiaux évoqués au début de ce livre peuvent avoir des effets dramatiques pour la production alimentaire. La hausse du niveau des mers pourrait provoquer l'inondation des plaines basses où l'on cultive le riz, notamment en Asie.

Les nitrates

Si je comprends bien, nous sommes maintenant confrontés aux effets pervers de la révolution verte, qui avait permis une amélioration extraordinaire des rendements de la production agricole, grâce notamment aux engrais chimiques et aux pesticides. Pourriez-vous expliquer pourquoi on a eu recours à eux et la raison pour laquelle ils posent aujourd'hui de graves problèmes de pollution et d'appauvrissement des sols ?

Considérons tout d'abord le problème des nitrates. L'azote est un gaz qui compose près de 70 % de l'air que nous inspirons. Mais contrairement à l'oxygène, il n'est pas absorbé par les poumons. D'où son nom : azote, c'est-à-dire « sans vie ». Pourtant l'azote est un élément essentiel à l'élaboration des structures chimiques de la vie. On le retrouve dans chaque cellule de notre corps sous la forme, entre autres, de l'ADN, nos molécules génétiques.

Pour arriver aux organismes vivants, l'azote est d'abord extrait du sol par les racines de certaines plantes appelées plantes nitrogènes (par exemple la luzerne et le trèfle). C'est un processus lent et assez complexe qui fait intervenir une symbiose entre les racines de ces plantes et certains champignons. Après quelques années de culture d'autres plantes qui n'ont pas cette propriété, les sols s'appauvrissent en nitrate et deviennent incultes. D'où la nécessité de les nitrifier à nouveau par une culture de plantes nitrifiantes.

En 1912, les chimistes allemands Haber et Bosch découvrent en laboratoire la possibilité de fabriquer des fertilisants synthétiques. Ils produisent à partir de l'azote de l'air une molécule appelée « nitrate d'ammonium » que les plantes peuvent absorber directement. On assiste bientôt à une augmentation rapide des moissons.

Pourtant un problème se pose. Les plantes ainsi traitées ne fixent parfois que 10 % des fertilisants, 90 % se dispersant dans l'environnement. Les atomes d'azote restent réactifs pour longtemps et cascadent dans l'environnement, provoquant un certain nombre de composés chimiques aux effets nocifs : des nitrates qui empoisonnent les sols et les nappes phréatiques, de l'acide nitrique qui occasionne des pluies acides et des oxydes d'azote qui sont des gaz à effet de serre. Aujourd'hui, la production de nitrate synthétique à l'échelle mondiale dépasse la production naturelle par les plantes nitrifiantes et risque d'augmenter encore rapidement par le biais des pays du Sud asiatique, où la fertilisation rapide est essentielle[4].

Les pesticides

Nous reviendrons plus loin sur la pollution des eaux par les nitrates. Qu'en est-il des pesticides ?

Les premiers pesticides, comme le DDT, ont été introduits dans les années 1940 avec d'excellents résultats sur les moissons[5]. Mais dix ans plus tard apparaissaient les premiers insectes résistants. On utilisa d'autres pesticides qui eurent les mêmes conséquences. Comme pour les antibiotiques, on s'est donc lancé dans une course en avant.

Pourquoi les insectes apprennent-ils à résister aux pesticides ?

Ce n'est pas que les insectes apprennent à résister. Cela est dû au fait que, dans une population donnée, une petite fraction n'est pas affectée. Cette population croît alors au détriment des autres. C'est un exemple typique de la capacité d'adaptation de la vie, la fameuse sélection darwinienne. Le nombre d'espèces résistantes dépasse le millier, incluant environ cinq cents insectes et croît régulièrement depuis 1940 *(figure 3.6)*.

Quels sont les inconvénients des pesticides ?

Ils concernent essentiellement la santé. Un usage trop important des pesticides contamine la production et affecte en bout de chaîne le consommateur. Les effets se font sentir jusque

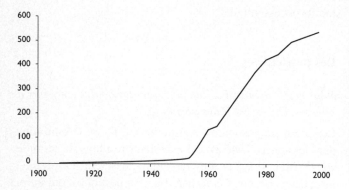

Figure 3.6. Nombre d'espèces résistantes aux pesticides, depuis 1908 (*Vital Signs*, 1999, p. 124).

dans l'Arctique[6]. En France deux études récentes sur les pesticides viennent d'être rendues publiques[7]. De la première, il ressort que la moitié des fruits, des légumes et des céréales consommés en France contient des résidus de pesticides. De la seconde, on apprend les risques importants que ces produits de synthèse font courir à la faune sauvage et aux humains. Plusieurs pesticides sont cancérigènes, affectent les défenses immunitaires ou ralentissent la croissance des enfants.

Et le ministère de l'Agriculture homologue sans sourciller de tels produits dangereux pour la santé ?

Malheureusement, un peu partout dans le monde, les divers ministères de l'Agriculture ont eu pendant longtemps davantage tendance à soutenir l'agriculture intensive et hautement productive qu'à se préoccuper de la santé des consommateurs. Cela est dû en partie à la pression de puissants lobbies agroalimentaires. C'est la raison pour laquelle certains, et j'en suis, prônent la subordination du secteur de l'agriculture à un grand ministère de la Santé et de la Consommation. Les récentes affaires de la « vache folle » ou du poulet à la dioxyne ont heureusement alerté les pouvoirs publics, et on commence, surtout en France, à appliquer le principe de précaution. Mais il faut l'étendre à tous les domaines où un risque est possible pour la santé publique, ce qui n'est pas encore le cas.

La pêche

Pour des raisons multiples, dont certaines proviennent de l'usage intempestif de produits chimiques, on assiste donc à un inquiétant appauvrissement des sols. Qu'en est-il de la mer ?

D'abord une anecdote personnelle. À l'époque de mes études universitaires, j'allais souvent passer les vacances d'été en Gaspésie, dans l'estuaire du Saint-Laurent. Une odeur m'est restée en mémoire : celle des morues mises à sécher sur des surfaces exposées au soleil. En approchant d'un village à pied, quand le vent soufflait dans le bon sens, on la percevait avant de voir les premières maisons. La pêche était omniprésente dans le village : filets mis à sécher, bateaux regoudronnés en cale sèche, marchés de poissons.

Les pêcheurs m'ont quelquefois permis de les accompagner en mer. On partait à quatre heures du matin et on pêchait pendant de nombreuses heures. Un détail m'avait frappé, dont je n'ai compris que plus tard la signification. À cause des inspections toujours possibles, nous devions cacher les petits poissons qui n'avaient pas la taille légale. C'est que, depuis plusieurs années déjà, on avait remarqué la diminution du nombre des morues. Mais pour remplir quand même leurs quotas, les pêcheurs les capturaient de plus en plus petites. On prenait les femelles avant l'âge de la ponte. Résultat : très rapidement, il n'y eut plus rien dans les filets. Du coup, quelques années plus tard, la pêche a été totalement interdite. Malgré cette mesure, les populations ne sont toujours pas reconstituées.

Je suis retourné récemment dans ce petit village de Gaspésie. Dans un bar, un jeune homme fredonnait une chanson intitulée *Plus jamais la mer*. Cela parlait du désœuvrement du père, ancien pêcheur aujourd'hui chômeur. Et des temps anciens quand, la pipe à la main, les vieux morutiers prenaient soin d'enseigner leur métier à leurs enfants pour qu'ils prennent la relève... C'était une chanson triste et nostalgique dont tous les jeunes, dans le bar, reprenaient en chœur le refrain.

Assistons-nous d'une manière générale à un épuisement des ressources en poisson ?

La pêche maritime stagne depuis 1990[8]. Cela provient principalement d'une raréfaction des poissons. Dans la grande compétition entre les pays, on a construit des navires de pêche de plus en plus sophistiqués et efficaces pour prendre le plus de poisson, le plus vite possible. On a utilisé des filets de plusieurs kilomètres de long, capables de racler le fond des océans. Résultat, beaucoup d'espèces sont pêchées plus vite qu'elles ne se reproduisent.

On ne veut pas admettre que la quantité de poisson n'est pas infinie.

Aujourd'hui, on le sait, les effectifs ont décru d'une façon alarmante depuis dix ans. Plus de 75 % des lieux de pêcherie sont à leur sommet ou en déclin. Les pêches les plus abondantes commercialement ont baissé de 25 %. Dans la mer du Nord, on assiste à un effondrement des stocks de maquereaux, toujours pas reconstitués *(figure 3.7, page suivante)*. La popu-

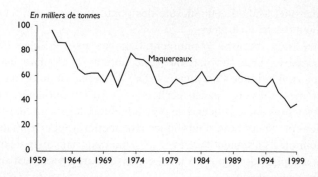

Figure 3.7. Quantités de maquereaux pêchés depuis 1959 (Ifremer).

lation de saumons tombe dangereusement. La raie a presque disparu à cause des filets à traîne. Autres espèces particulièrement menacées : l'églefin, le merlu, le hareng et la morue dont la pêche est aujourd'hui interdite (*figure 3.8*).

On assiste aussi à des effets en chaîne : la diminution des merlans a fait tomber les lions de mer de Steller de 90 % en Alaska. Les sardines japonaises ont diminué de 90 % en douze ans.

La « surpêche » est donc la cause de cette raréfaction ?

Disons qu'elle en est la cause principale. La diminution du poisson est également imputable à la détérioration des zones côtières : dégazage des bateaux, exploitation pétrolifère, aquaculture. Les poissons d'eau douce sont aussi menacés par les pollutions diverses et sont particulièrement vulnérables parce qu'ils ne peuvent s'échapper vers d'autres écosystèmes quand leur habitat est dégradé par la pollution[9].

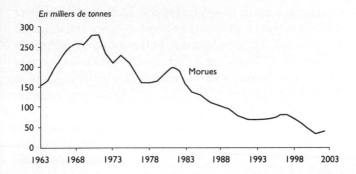

Figure 3.8. Population de morues femelles adultes dans la mer du Nord depuis 1963.

L'aquaculture n'est-elle pas une solution ?

Pas vraiment si on tient compte du fait que ces poissons sont nourris avec des substances issues elles-mêmes des moissons terrestres[10].

L'eau

Cela nous conduit à aborder la question de l'eau.

L'eau douce accessible est très inégalement répartie. Certaines régions du monde ont des réserves abondantes, d'autres en manquent cruellement. Ainsi l'Amazonie possède 15 % des réserves mondiales pour 0,3 % de la population, tandis que l'Asie ne dispose que de 30 % des réserves d'eau pour 60 % de la population mondiale. Cela créera

131

des conflits entre pays limitrophes. Ces conflits existent d'ailleurs déjà en plusieurs endroits[11]. Ainsi le barrage de Farakka, qui détourne les eaux du Gange vers la mégapole indienne de Calcutta, est à l'origine de vives tensions entre l'Inde et le Bangladesh. De tels conflits existent entre la Turquie et l'Irak, entre l'Éthiopie et l'Égypte et même entre les Israéliens et les Palestiniens.

Selon une étude récente, publiée par le Programme international pour la technologie et la recherche en matière d'irrigation et de drainage (IPTRID)[12], la compétition pour les ressources en eau s'intensifiera dans le bassin méditerranéen au cours des prochaines décennies et aggravera sensiblement la pénurie actuelle d'eau. Sur les vingt et un pays qui ont été déclarés en situation de pénurie d'eau, douze sont concentrés dans la région du Proche-Orient et nombre d'entre eux en bordure de Méditerranée. « En dépit des pénuries d'eau, on constate une mauvaise utilisation généralisée des ressources, indique le rapport. Dans le bassin méditerranéen, l'agriculture est considérée comme le secteur pouvant économiser le plus grand volume d'eau. » Avec 80 % de la demande totale, l'agriculture méditerranéenne est la plus grande consommatrice d'eau douce, mais les agriculteurs en font un mauvais usage.

Qu'en est-il de la pollution des eaux par les déchets industriels et individuels ?

Les écosystèmes marins subissent en effet une pollution causée par un volume croissant d'eaux usées et d'eaux de ruissellement urbain, industriel et agricole, mais aussi par les retombées de polluants atmosphériques.

En Bretagne, les élevages de porcs produisent du lisier (engrais riche en nitrate) en quantité trop importante pour les terres agricoles. Il en résulte une pollution massive des nappes phréatiques. Celles-ci ont été tellement polluées que certains fermiers ont été forcés d'abreuver leurs vaches avec de l'eau de source en bouteilles[13] ! La Cour des comptes a récemment publié un rapport très sévère sur les politiques publiques de l'eau en Bretagne[14]. Elle a analysé les sept programmes mis en œuvre en 1993 et destinés à enrayer la dégradation des eaux dans la région. Ses conclusions sont sans appel : le bilan de l'action de l'État est « très médiocre, voire catastrophique ». Les 310 millions d'euros engagés dans les différents dispositifs, « qui ont été financés par les contribuables et les consommateurs et qui ont bénéficié en quasi-totalité aux agriculteurs, n'ont pas empêché l'aggravation de la pollution ».

Au Canada, les activités agricoles sont à l'origine de 80 % de la pollution marine. L'agriculture intensive, fondée sur l'utilisation d'une quantité considérable de produits chimiques, a engendré d'importants niveaux de pollution de l'eau, notamment des nappes phréatiques.

Pouvez-vous rappeler ce que sont les nappes phréatiques ?

L'essentiel de l'eau douce que nous consommons ou que nous utilisons dans l'agriculture et dans l'industrie ne provient pas de la surface, mais de profondes nappes souterraines. Des formations géologiques particulières (sables, graviers, roches) retiennent l'eau de pluie ou celle qui provient de la fonte des glaces depuis des temps très longs. Ainsi, 97 % de l'eau douce liquide de la planète est stockée dans ces nappes phréatiques.

Face aux pollutions multiples dont sont victimes les cours d'eau et les lacs, nous devons avoir plus fréquemment recours à ces réserves d'eau souterraines. Or celles-ci sont de plus en plus polluées par les produits chimiques utilisés dans l'industrie et surtout maintenant dans l'agriculture. Plusieurs pesticides agricoles tuent directement les animaux sauvages ou s'accumulent dans la chaîne alimentaire et exposant les consommateurs en bout de chaîne, dont les humains, à des substances toxiques.

Cette pollution qui ne cesse d'augmenter aggrave un problème de première importance : celui des ressources en eau douce. Il semble que, dans ce domaine également, on réalise subitement qu'elles ne sont pas infinies et que nous allons être confrontés à des problèmes de pénurie.

Au cours du XXe siècle, la consommation d'eau a été multipliée par sept et la population par trois *(figure 3.9, page suivante)*. L'agriculture en prend de plus en plus. Aujourd'hui, elle consomme 70 % de l'eau douce contre 20 % pour l'industrie et 10 % pour les usages domestiques. Les niveaux des nappes phréatiques tombent rapidement. Au nord de la Chine, ils chutent de plus de 1,50 mètre par an. En Inde, le taux d'extraction d'eau est deux fois plus grand que le taux de recharge des nappes. Résultat : non seulement les nappes sont de plus en plus polluées, mais certaines, comme en Californie, commencent à s'épuiser.

La mer d'Aral, en Asie centrale, constituait le quatrième plus grand lac de la planète. Or elle achève de se dessécher. Elle a perdu les quatre cinquièmes de sa surface [15] *(planches IX et X)*. Les deux fleuves qui l'alimentaient, l'Amou-Daria et le

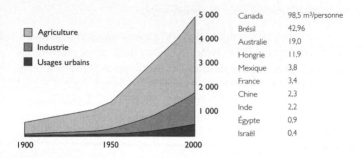

Figure 3.9. Augmentation de la consommation d'eau pour différents usages (urbain, industriel, agriculture) depuis 1900, en kilomètres cubes, à l'échelle mondiale. À droite, les réserves d'eau disponibles (en mètres cubes par personne) dans différents pays (*Times*, novembre 1997).

Syr-Daria, ont été détournés pour irriguer des champs de coton. Il en résulte un désastre écologique : la désertification de son ancienne surface et une lourde salinisation des nappes phréatiques environnantes. De plus, le fermage intensif a provoqué une contamination par les pesticides. On assiste à une multiplication des hépatites, des maladies respiratoires et des anémies.

Il ne faut donc pas se leurrer : on va vers un épuisement de l'eau potable. Certains estiment même qu'en 2025 les deux tiers des populations seront affectés par une pénurie d'eau.

L'« assainissement » des marécages

À ce manque d'eau potable, on peut aussi ajouter la disparition, notamment en Amérique du Nord, de la plupart des milieux humides qui ont fait l'objet d'une exploitation commerciale ou ont été reconvertis à l'agriculture ou à d'autres fins. La Terre a perdu 50 % de ses zones marécageuses depuis 1900[16] (on appelle zones marécageuses les régions où les inondations sont fréquentes et où l'eau ne dépasse pas 6 mètres). Or ces régions hébergent de nombreuses communautés animales et végétales et sont d'une importance cruciale pour la survie de certaines espèces menacées, y compris les oiseaux migrateurs. De plus, elles décontaminent les cours d'eau de leurs nombreuses toxines et des excès de nitrate et de phosphore dus aux engrais. Elles régularisent les flux d'eau, rechargent les nappes phréatiques et empêchent les inondations d'autres régions. Or, elles sont particulièrement difficiles à restaurer.

Épuisement des ressources énergétiques, épuisement des sols et des zones humides, épuisement de l'eau : c'est toute la planète que l'homme pille et épuise en l'espace de quelques décennies ?

Le massacre des forêts

Il faudrait ajouter à cette liste de l'épuisement des ressources et des milieux naturels le problème des forêts. Un astronaute me racontait le triste spectacle vu du ciel de ces territoires brésiliens, africains et indonésiens d'où émergent d'immenses panaches de fumée *(planche XI)*. On aurait détruit pendant le xxe siècle plus de la moitié de la forêt mondiale.

Cette déforestation s'accélère dans l'indifférence générale à la vitesse de deux terrains de football par seconde[17]! Environ cent cinquante entreprises dominent le marché mondial des produits forestiers. La plupart refusent d'exploiter des variétés de bois non menacées, car moins rentables. Elles ne s'intéressent qu'aux variétés rares qui poussent dans les forêts primaires. Aujourd'hui, selon le World Ressource Institute, 80 % de ces dernières ont disparu de la surface du globe *(planche XII)*.

La forêt primaire ?

Ce sont des forêts qui n'ont pas été modifiées par l'activité humaine. Elles représentent une extraordinaire richesse biologique. Les plus grandes se situent en Amazonie, en Afrique (dans le bassin du Congo) et en Asie du Sud Est.

La forêt amazonienne est la plus importante. Mais depuis 1970, 15 % de son immense superficie a été détruite[18]. Des efforts sont aujourd'hui engagés par la communauté internationale pour préserver ce qui reste et réhabiliter les terres dégradées par les brûlis.

Les forêts indonésiennes sont parmi les plus riches biologiquement de la planète. La forêt de Tesso Nilo, en particulier, est menacée d'extinction à très court terme, entraînant la disparition d'éléphants, de tigres, de tapirs, de singes et de centaines de plantes très rares. Les plans de sauvetage sont sapés par les coupes illégales et la corruption. Si rien n'est fait, elle sera en grande partie détruite avant 2006[19].

Le Mexique est la quatrième région du monde en importance pour la diversité des essences forestières. Mais on estime que ce pays a déjà perdu 95 % de ses forêts tropicales humides. Le déboisement au Mexique a été influencé par une série de pressions sous-jacentes, notamment la croissance démographique, la restructuration agricole, les inégalités du régime foncier et les programmes gouvernementaux de colonisation.

De nombreuses autres forêts sont menacées à travers le monde, telle la magnifique forêt de chênes-lièges de Marmora, au Maroc[20]. C'était l'une des plus vastes et des plus belles forêts d'Afrique du Nord. Située aux portes de Rabat, elle risque aujourd'hui de disparaître, victime des activités humaines.

L'avenir

Face à ce constat alarmant, que peut-on espérer pour l'avenir ? Comment remédier à ces problèmes d'épuisement des ressources et des milieux naturels ?

Nous sommes confrontés à une situation paradoxale. D'un côté, il faut tout mettre en œuvre pour faciliter une grande expansion de l'agriculture avec une augmentation de la nourriture. Ce qui est encore possible. De l'autre côté, cette expansion va sans doute conduire à plus de déforestation, de pertes d'espèces, d'érosion des sols et de pollutions par les pesticides et les fertilisants, ce qu'il faut absolument arrêter.

Il faut donc accroître la productivité des terres cultivées sans polluer. Cependant les experts de l'ONU demeurent relativement optimistes : cette demande va provoquer de l'innovation agricole. Des sols utilisés de façon moins utile seront reconvertis en terrains agricoles. Il existe d'autre part un fort potentiel non encore exploité avec l'utilisation des résidus agricoles : pailles de riz et de blé, tiges de maïs que l'on peut employer dans l'alimentation du bétail. On peut, aussi et surtout, remédier à l'usage intensif de nitrates en organisant une meilleure rotation des cultures comme le font aujourd'hui avec succès de nombreux pays asiatiques. On peut également se passer de pesticides ou leur trouver des palliatifs naturels. En 1986 en Indonésie, le gouvernement a banni cinquante-sept pesticides et fortement réduit les aides. Les pesticides ont diminué de 60 % et les récoltes de riz ont augmenté de 25 %.

Vous devez être très favorable au développement de l'agriculture biologique ?

Parfaitement. Même si elle ne représente actuellement en France que 1 % de la production agricole globale, elle est en plein essor et de nombreux agriculteurs se reconvertissent dans cette forme de production qui respecte mieux les sols et n'utilise aucun produit chimique[21].

En ce qui concerne la pêche, il n'y a pas d'autre solution que de la limiter et de créer, comme on le fait depuis vingt-cinq ans, des zones protégées sur les côtes. Mais il faudrait étendre ces zones, qui ne représentent aujourd'hui qu'un millième de la surface océanique.

Encore faudrait-il que les réglementations soient suivies d'effets. J'ai été frappé tout au long de cette discussion par le décalage qui existe entre l'importance et l'urgence des problèmes et la très faible contrainte exercée sur les pollueurs ou les contrevenants aux règles édictées en matière de protection des mers ou des forêts. Les rapports internationaux ou ceux de la Cour des comptes en France ne cessent d'épingler les abus et les dérives de tous ordres, et rien ne semble bouger. Comment remédier à une telle situation ? Plus de sévérité et de vérification ? Une meilleure éducation et sensibilisation des citoyens et des principaux acteurs concernés (agriculteurs, pêcheurs) ?

Une très grande hostilité s'est développée un peu partout dans le monde entre les producteurs et les écologistes. À Terre-Neuve par exemple, on en est venu aux poings à plusieurs reprises. Il n'y a qu'un moyen de résoudre ces conflits qui paralysent les situations, c'est d'inviter les représentants des deux parties à la même table, d'abord pour prendre connaissance ensemble et de façon objective de la situation, ensuite pour mettre en œuvre en commun des projets de réforme.

J'ai été mis en contact avec une telle situation récemment aux îles de la Madeleine dans le golfe du Saint-Laurent. Les homardiers, conscients du désarroi des pêcheurs de morue, ont décidé d'un commun accord de diminuer la taille de leurs cageots de pêche et d'augmenter celle des mailles de leurs filets pour éviter de capturer les homards trop jeunes. Résultat : cette pêche se poursuit à un rythme adapté à la reproduction.

L'éducation des intéressés et des rencontres « au sommet » dans une volonté commune d'éviter les catastrophes sont, je crois, la démarche à recommander pour l'avenir.

Néanmoins, malgré une réelle prise de conscience des opinions publiques occidentales et certaines actions utiles sur lesquelles nous reviendrons, la situation continue malheureusement à empirer. Prenons le cas de la France, qui est pourtant l'un des pays où la sensibilité écologique est forte. Un rapport de l'Institut français de l'environnement, publié en mai 2002, montrait que la situation de l'environnement s'est considérablement dégradée dans notre pays depuis 1998[22].

Les OGM

Que pensez-vous, des organismes génétiquement modifiés (OGM) et des actions musclées de José Bové et de ses amis à leur encontre ?

Disons d'abord qu'un organisme génétiquement modifié est un organisme auquel on a ajouté ou supprimé une fonction. Résultat : il acquiert de nouvelles possibilités qui modifieront son comportement, le rendront par exemple plus résistant aux maladies de son espèce.

C'est une question difficile qu'il conviendrait de traiter cas par cas. Les avis sont partagés. Le problème le plus grave selon les spécialistes est la dispersion des semences OGM au-delà des territoires prévus, et la contamination des espèces non OGM avec la cohorte de variations génétiques et de résistances imprévues et indésirables acquises par les plantes sauvages[23].

Ce ne sont ni les cultivateurs d'Afrique ou d'Asie, ni même les agriculteurs de l'Ouest qui ont demandé des OGM. On peut comprendre que des représentants du monde agricole s'inquiètent, et s'insurgent, et cela d'autant plus qu'ils risquent de devenir dépendants des firmes de biogénétique.

On peut avoir l'impression que ces firmes font le *forcing* pour imposer au plus vite des inventions destinées à être rentabilisées sans se soucier du fait que leur monopole sur les semences fera disparaître les petits paysans, et que des dérapages ne seront pas forcément contrôlés ! C'est l'inconnu, et on peut imaginer un scénario catastrophe, angoisse à la clef.

Une presse d'information devrait s'emparer du débat, sans complaisance. En outre, aussi longtemps que les pouvoirs publics n'entendront que ceux qui descendent dans la rue au lieu d'organiser le débat démocratique, ce recours aux actions que vous qualifiez de musclées trouve une sorte de légitimité aux yeux de personnes convaincues que la santé publique est en jeu, tout comme la liberté individuelle...

Si je comprends bien, votre réticence à l'égard des OGM est surtout d'ordre économique. Mais pensez-vous que les OGM représentent un danger en termes de santé publique ? Et globalement, êtes-vous favorable au maintien du moratoire imposé en Europe en 1999 et contre lequel les Académies des sciences et de médecine se sont récemment élevées en émettant un avis favorable aux OGM, soulignant que « les avantages escomptés l'emportent sur les risques éventuels[24] » ?

Sur la question de la santé, il me semble qu'il est encore trop tôt pour affirmer avec certitude qu'il n'existe aucun risque. Par exemple, le rapporteur spécial de l'ONU sur le droit à l'alimentation, Jean Ziegler, a récemment émis un

avis défavorable, estimant que les OGM « peuvent compor-
ter des dangers à moyen et à long termes pour l'organisme
humain et la santé publique[25] ». Le débat entre experts est
loin d'être clos, et des sources indépendantes, comme le
CRII-Gen (Comité de recherche et d'information indépendantes sur le génie génétique[26]), dénoncent l'avis des académies, qui fondent l'essentiel de leur argumentation non pas
sur le terrain médical ou scientifique, mais sur le terrain
économique, ce qui n'est pas de leur compétence, et sans
prendre en compte les conséquences environnementales des
OGM. Sans être radicalement hostile aux OGM, je crains
qu'une pression économique trop forte n'étouffe la complexité des débats qui doivent encore avoir lieu avant une
éventuelle levée du moratoire.

Vues de la mer de Glace à Chamonix en 1916 et en 2001.

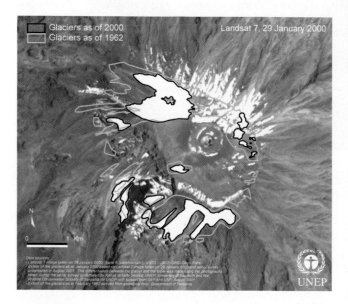

PLANCHE II

Les neiges « éternelles » du mont Kilimandjaro au Kenya fondent
rapidement. Sur cette photo satellite, on peut comparer la surface
des glaces contemporaines avec celle de 1962 (trait orange).

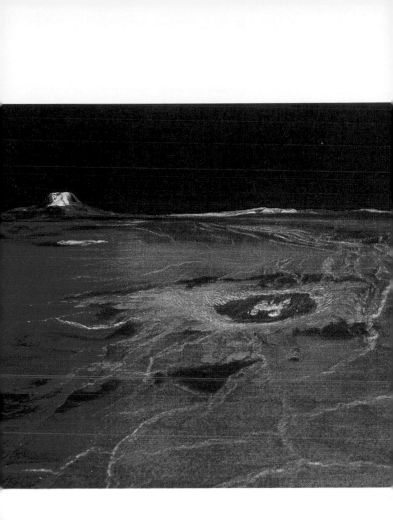

La surface torride et stérile de la planète Vénus
telle que reconstituée par les observations radar au travers
de son épaisse atmosphère de gaz carbonique. À cause
de l'effet de serre, la température y est de 460 °C.

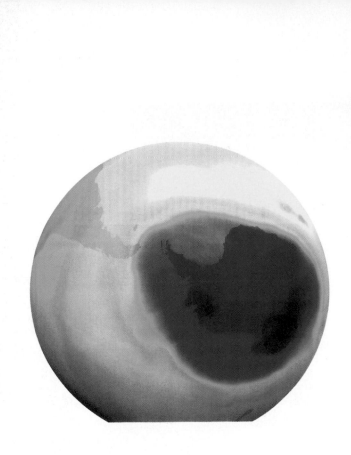

PLANCHE IV
Le « trou » de la couche d'ozone. La Terre
vue d'au-dessus du pôle Sud : on reconnaît
l'Antarctique ainsi que la pointe de
l'Amérique du Sud (la Patagonie, en haut à gauche).
Les couleurs représentent l'épaisseur
de la couche en hiver ; la région bleue
est la plus mince (notons qu'il s'agit
de fausses couleurs).

La Terre vue du ciel, la nuit.
La couleur jaune provient
des illuminations urbaines et
routières. On y retrouve
le profil des régions les plus
densément habitées.
Les taches rouges (combustion
du méthane) situent les puits
de pétrole sur la Terre comme
en mer. On reconnaît facilement
la région du golfe Persique,
la Libye, l'Algérie, le Nigeria,
le Venezuela, la Sibérie ainsi que
les gisements de la mer du Nord
entre la Norvège et la Grande-
Bretagne.
Le rouge illustre le rythme
auquel nous extrayons
le pétrole du sol, le jaune celui
auquel nous le brûlons. En un
peu plus d'un siècle, on a extrait
environ la moitié du pétrole
que des processus géologiques
ont mis des centaines de millions
d'années à former.
Les taches mauves en Afrique
et en Amérique du Sud (Brésil)
proviennent des feux de forêts
et des brûlis.
La couleur verte en mer
du Japon résulte de la pêche
intensive avec des lampes.
Les réserves poissonnières
de la mer s'épuisent rapidement.
L'arc bleu en haut à gauche
provient des aurores boréales.

PLANCHE VII

En mer, les éoliennes sont moins visibles
et reçoivent plus de vent.

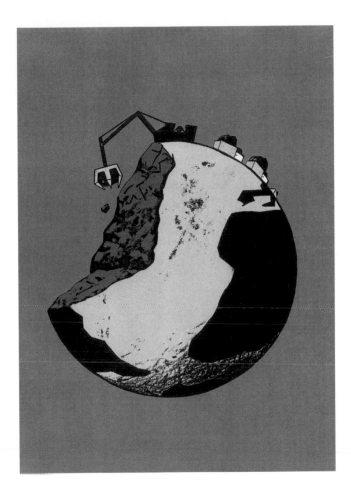

PLANCHE VIII

Sans commentaire...

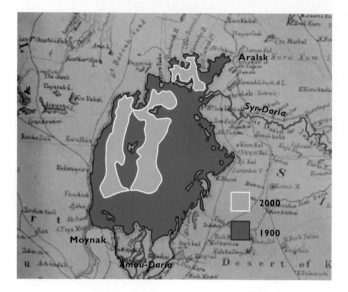

PLANCHE IX

Carte du recul de la mer d'Aral entre 1900 et 2000.
Au début du XXᵉ siècle, la mer mesure plus de 400 kilomètres
de long sur 230 kilomètres de large et vit sur un équilibre
fragile entre les apports fluviaux (Syr-Daria et Amou-Daria)
et les ponctions atmosphériques. Les deux fleuves sont
détournés dans les années 1950 pour irriguer les champs
de coton programmés par les aménageurs soviétiques.
En trente ans, la mer perd les neuf dixièmes de ses apports.
Dès 1970, le rivage commence à reculer. En 1987, la mer
se divise en deux lacs…

À Moynak, autrefois port de pêche de la mer d'Aral,
le désert a remplacé l'écume. Triste témoin
de la catastrophe, le cimetière de coques de bateaux
échoués. Aujourd'hui le rivage est à plus de 50 kilomètres
de l'ancienne grève que venaient battre les houles disparues.

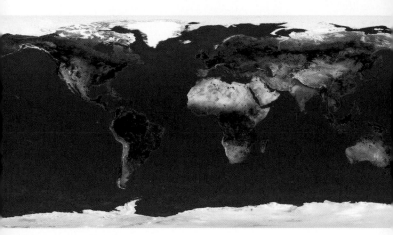

PLANCHE XI
Les surfaces rouges représentent les incendies
se produisant à travers le monde pendant un an,
y compris les torches des puits de pétrole.

Tout autour de Kinshasa en République démocratique du Congo,
les anciennes forêts sont abattues pour satisfaire la demande sans fin
de bois. On estime la perte de la forêt tropicale à 8 % pour les seules
années 1980, dont plus de la moitié chaque année au Brésil et en Indonésie.
En Ouganda, au Congo et au Nigeria, l'estimation est encore plus
alarmante : les trois pays auraient perdu 90 % de leur couverture forestière
en cent ans. L'impact de la déforestation est terrible, notamment pour
les grands singes dont le biotope est totalement menacé.

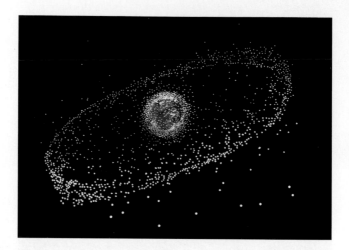

PLANCHE XIII

La Terre est entourée d'une ceinture de débris
provenant de l'industrie astronautique (2 000 tonnes
dispersées sur 2 000 kilomètres d'altitude).

Une cardère et son papillon pollinisateur, la zygène.

PLANCHE XV

Accroissement des inégalités de richesse. Aux Philippines,
dans la région de Manille, plus de 17 millions d'habitants sont entassés
dans les bidonvilles qui encerclent la ville. La pollution y est sans
commune mesure, les populations qui habitent ces quartiers doivent
faire face à des problèmes quotidiens de taille : environnement
insalubre, eau croupie, choléra, dysenterie et paludisme, criminalité,
pauvreté extrême, sous-alimentation.

4. Une planète souillée :
les écuries d'Augias

Frédéric Lenoir – Il ressort des chapitres précédents que non seulement l'homme pille la Terre et l'épuise, mais il la pollue considérablement. Quelle planète allons-nous laisser à nos descendants et surtout, que pouvons-nous faire ? Parmi les douze travaux imposés à Hercule par Eurysthée, roi de Tirynthe, il y avait le nettoyage des écuries d'Augias. Tâche considérée comme surhumaine. Ce mythe ne vous semble-t-il pas approprié pour décrire ce qui s'impose maintenant à nous ?

Hubert Reeves – Cette réalité de la souillure de la planète est particulièrement présente, ces temps-ci, devant les images des plages couvertes de pétrole visqueux et d'oiseaux englués, provoquées par l'interminable succession de naufrages de bateaux pourris.

Comme les nettoyeurs des plages avec leurs pelles, nous sommes en effet confrontés à l'échelle de la planète à une tâche véritablement titanesque. Tout au long du XXᵉ siècle, l'homme a accumulé une quantité d'ordures d'une dangerosité infiniment supérieure à celles qu'il avait générées au cours de son histoire multimillénaire. À toutes les pollutions déjà évoquées – déchets industriels, agricoles et ménagers –, sur lesquelles nous reviendrons sommairement, il faut ajouter les stocks d'armes terriblement destructrices qui se sont accumulés, surtout depuis la Seconde Guerre mondiale.

C'est vrai, nous pensons habituellement aux armes en termes de menaces actives, mais plus rarement comme sources de pollution…

Mines antipersonnel

Pourtant les stocks d'armes sont une source importante de pollution et un énorme danger potentiel, même lorsqu'on n'entend plus les utiliser. Prenons l'exemple des mines antipersonnel. Les premières mines, qui étaient de véritables bombes enterrées, ont été utilisées par l'Angleterre au xve siècle à la bataille d'Azincourt (1415), puis de façon plus systématique au xixe siècle au cours de la guerre civile américaine. Lors de la Seconde Guerre mondiale, plus de trois cents millions de mines antichars furent déployées par les belligérants. Mais ces mines avaient l'inconvénient d'être facilement transportables et réutilisables par l'ennemi. Pour éviter que des hommes ne viennent les déplacer, on fabriqua de petites mines antipersonnel que l'on déploya autour des mines antichars. Par la suite, leur fonction militaire a été détournée pour les utiliser contre les populations civiles. Comme elles sont bien camouflées et restent actives pendant plus de soixante-quinze ans, elles continuent, même en temps de paix, à mutiler et à tuer des civils. On a calculé qu'à travers le monde les mines antipersonnel font une victime toutes les vingt minutes ! Il y en aurait cent dix millions déployées dans plus de soixante-dix pays [1].

Quels sont les principaux « champs de mines » ?

L'Afrique est le continent le plus miné du monde avec près de cinquante millions de mines. Il y en aurait deux millions et demi au Zimbabwe et, après vingt ans de guerre civile, quinze millions en Angola, enterrées autour des villages, où l'on compte soixante-quinze mille amputés pour seulement onze millions d'habitants.

Au Moyen-Orient, le Kurdistan irakien, l'Iran, et, plus à l'est, l'Afghanistan (quatre millions) et le Cachemire sont minés. En Asie du Sud-Est, ce sont surtout le Vietnam, la Thaïlande et le Cambodge qui sont touchés. Le Cambodge a été miné lors de trois conflits successifs : pendant la guerre contre les Américains, lors de la prise de pouvoir par les Khmers rouges, et dans les affrontements des factions cambodgiennes avec le régime pro-vietnamien. Résultat, pour un pays de dix millions d'habitants, on recense à peu près cinq millions de mines, soit une mine pour deux personnes !

En Europe, quelques pays sont également minés, principalement l'ex-Yougoslavie, la Géorgie et la Tchétchénie, mais aussi, dans une moindre mesure, l'Allemagne et la Belgique, où l'on extrait encore des mines qui datent de la Première Guerre mondiale.

Or, outre les conséquences dramatiques pour les humains, les mines constituent un désastre économique et écologique.

Quand les contenants se détériorent, des substances haute-ment toxiques se répandent dans le sol, polluant les cam-pagnes sur d'immenses surfaces.

Au Cambodge, par exemple, elles ont réduit les surfaces de terres arables disponibles au nord du lac Tonle Sap et dans le bassin du Mékong. Ce qui a pour conséquences l'augmenta-tion de la malnutrition, l'exode rural vers Phnom Penh et Battambang, et la surpopulation urbaine. Dans ce même pays, les mines gênent également les échanges, en rendant des routes impraticables, comme entre Battambang et Pursat ou Pailin.

Pourquoi ne pas déminer massivement ces régions infestées ?

Quelques pays s'y activent, mais les coûts sont prodigieux. Une petite mine antipersonnel coûte en moyenne 3 dollars à fabriquer, mais entre 300 et 1 000 dollars à repérer, à extraire et à détruire. Quant aux prothèses artificielles dont il faut équiper les dizaines de milliers de survivants, elles coû-tent entre 100 et 3 000 dollars et doivent être remplacées tous les cinq ans pour un adulte et tous les six mois pour un enfant.

Le paradoxe est que l'on continue à poser et à acheter des mines. Une cinquantaine d'États persistent à en fabriquer, dont la Russie, les États-Unis et de nombreux pays en voie de développement.

Je croyais que la production et la vente de ces armes étaient strictement proscrites par des traités internationaux.

En effet, la fin de la guerre froide et une prise de conscience favorisée par le travail des organisations non gouvernemen-tales (ONG) ont conduit certains états à mettre en place un moratoire sur leur production et leur exportation. Le traité d'Ottawa, qui interdit la vente des mines antipersonnel, a été signé par cent vingt et un pays en décembre 1997. Le problème vient de ceux qui ne l'ont pas signé, tels l'Afghanistan, la Bosnie-Herzégovine, la Croatie, le Cambodge, le Vietnam, le Mozambique, etc.

À cela, il faut aussi ajouter le trafic illégal en provenance même des pays signataires.

Puisque nous sommes partis pour faire un sinistre tour d'horizon, qu'en est-il des stocks d'armes de destruction massive constitués au XXe siècle ?

Arsenal chimique

Si l'on adopte un ordre chronologique de fabrication, il faudrait parler d'abord des armes chimiques. La synthèse du fameux « gaz moutarde » remonte au milieu du XIXe siècle. Les Allemands l'utilisèrent à Ypres, en Belgique, durant la guerre de 1914-1918, mais pas pour celle de 1939-1945. Même si les Alliés en trouvèrent de grandes quantités entreposées dans les usines allemandes. Eux-mêmes en avaient d'ailleurs beaucoup en leur possession.

Peu avant la Seconde Guerre mondiale trois autres gaz toxiques furent synthétisés : le tabun, le sarin et le soman. L'Irak utilisa le tabun pendant la guerre contre l'Iran et contre les populations kurdes, et on se souvient de l'usage du sarin par la secte Aum dans le métro de Tokyo, qui fit de nombreuses victimes en mars 1995.

En 1983, un accord international a été signé, prévoyant de graves punitions envers les pays qui utiliseraient des agents innervants. Seuls les États-Unis, la Russie, l'Irak et l'Inde reconnaissent en avoir fabriqué. Les Américains se sont engagés à en détruire 30 000 tonnes et la Russie 40 000. L'Irak affirme avoir détruit les siens et l'Inde en faire un usage « seulement défensif ». On soupçonne d'autres pays d'en posséder, comme la Corée du Nord, l'Égypte, Israël, la Syrie, la Libye, la Chine, l'Iran, l'Afrique du Sud et la France[2]...

Comment s'en débarrasser ?

Après la guerre il a fallu agir vite : il y avait 300 000 tonnes de gaz innervant chez les nazis. Les Alliés ont chargé des bateaux avec les stocks allemands et les ont coulés près de la Norvège : c'est ce qu'on appelle le *dumping*. En 1967, les États-Unis ont fait la même chose avec des *nerve gas rockets* (bombes de gaz innervant) au large du New Jersey. Malgré les recommandations, ces armes chimiques ont le plus souvent été jetées en eaux peu profondes et dans des zones de pêche. Des bombes à gaz moutarde ont été retrouvées dans les filets et sur les plages allemandes et polonaises. La peu profonde mer Baltique (170 mètres) a été largement utilisée à cet effet par les Anglais, les Américains et les Russes. Aujourd'hui, les conventions internationales n'obligent pas les États à les détruire, mais le *dumping* est interdit. Il continue malgré tout d'être pratiqué clandestinement.

Arsenal bactériologique

Après les armes chimiques, il faudrait parler des armes bactériologiques, qui utilisent les microbes !

De l'avis des spécialistes, elles sont infiniment plus redoutables que les armes chimiques. Elles sont revenues à l'ordre du jour après les événements du 11 septembre 2001 et les envois de courrier contenant de l'anthrax.

Le plus vieil exemple de ce type d'armes est le rat crevé que l'on jetait au Moyen Âge dans le puits des villages ennemis. Au XXe siècle, on a eu l'idée de concentrer les bactéries de maladies comme la peste ou le choléra pour contaminer des populations. Contrairement aux armes chimiques, les armes bactériologiques n'ont été que peu utilisées dans les conflits récents, sauf lors des attaques des Japonais en Chine et peut-être d'autres pays asiatiques, avant et pendant la Seconde Guerre mondiale. Des armes bactériologiques ont été stockées pendant les deux conflits mondiaux.

Les États-Unis n'ont pas mis fin à leur programme offensif avant 1969, et l'on soupçonne la Russie d'avoir maintenu jusqu'à ce jour son programme offensif hérité de l'ère soviétique.

De nombreuses bactéries sont employées. C'est le bacille de la peste, par exemple, que les Japonais ont utilisé en Mandchourie contre les Chinois. Mais il avait causé des dégâts aux deux opposants. Aujourd'hui, on maîtrise infiniment mieux ces techniques de mort. Il suffit de très peu de produit pour tuer beaucoup de gens. Par exemple, un seul gramme de toxine de botuline pourrait tuer un million de personnes.

Sous quelles formes ces bactéries sont-elles concentrées en armes offensives ?

J'ai vu à la télévision une interview d'un ingénieur russe, directeur pendant plus de vingt-cinq ans d'un complexe de préparation d'armes biologiques qui employait plus de vingt mille personnes, réparties en huit centres différents aux environs de Moscou. Petit, sec, le visage sans expression, il nous a raconté les difficultés énormes que ses laboratoires avaient dû vaincre, par des techniques hautement spécialisées, pour mettre au point des armes capables de conserver, de stocker, de transporter et d'aller vaporiser des tonnes d'organismes, tout en préservant leur efficacité infectieuse. Le terme anglais pour décrire cette activité est *weaponize*, qu'on pourrait traduire par « armifier ». Le plus impressionnant était l'absence visible d'états d'âme quant à la nature de son entreprise et aux conséquences que pouvaient entraîner ses efforts.

J'imagine que, comme pour les armes chimiques, cette utilisation est interdite par des traités internationaux. Mais existe-t-il des États qui continuent de les fabriquer ?

Malgré l'entrée en vigueur, en 1975, de la convention internationale qui interdit de telles armes, le US Congressional Office of Technology Assessment a dressé, en 1993, une liste de huit pays reconnus comme ayant un programme non déclaré de fabrication d'armes biologiques offensives[3]. Il s'agit de l'Iran, de l'Irak, d'Israël, de la Libye, de la Syrie, de la Chine, de la Corée du Nord et de Taïwan. Six autres pays ont été mentionnés comme étant soupçonnés d'avoir un tel programme. Il s'agit de l'Égypte, du Vietnam, du Laos, de

Cuba, de la Bulgarie et de l'Inde. La Roumanie et l'Afrique du Sud ont aussi fait l'objet d'allégations à ce sujet.

Qu'en est-il des Américains et des Russes ?

En 1992, Boris Eltsine reconnaissait que les Soviétiques avaient autrefois lancé un vaste programme d'armements biologiques. Il y aurait même eu de graves accidents, bien sûr gardés secrets. À cette époque, en 1992, Eltsine voulait démanteler ces laboratoires pour adhérer à la BWC (Biological Weapons Convention), ratifiée deux décennies plus tôt, mais largement ignorée.

Les États-Unis n'ont pas mis fin à leur programme offensif avant 1969. Aujourd'hui, ils refusent de se prêter au contrôle de la Biological Weapons Convention (protocole de vérification), au nom du secret économique pour protéger les laboratoires des compagnies pharmaceutiques contre l'espionnage industriel[4]. Après l'affaire du courrier contenant de l'anthrax, l'US Army a dû admettre qu'elle continuait à en fabriquer dans ses installations de Dugway Proving Ground (Utah).

On a le sentiment que la menace bactériologique a remplacé la menace nucléaire dans les esprits ?

C'est assez vrai. Je crois que les armes bactériologiques représentent une menace infiniment plus importante pour l'avenir que les armes nucléaires que l'on est en train de démanteler un peu partout (sauf peut-être en Corée du Nord). Elles peuvent être obtenues et manipulées plus facilement par des États voyous ou par des groupes terroristes, ce qui les rend d'autant plus redoutables.

Arsenal nucléaire

*Où en est-on du nucléaire militaire ? Comment se débarras-
ser des arsenaux colossaux constitués pendant la guerre
froide ?*

La fin de la guerre froide a eu comme heureux résultat une
diminution importante des têtes nucléaires. Après être monté
à près de cent mille, leur nombre total s'élève encore aujour-
d'hui à plus de vingt mille[5]. De nouvelles réductions sont
annoncées[6] *(figure 4.1)*.

Le nombre de lanceurs est tombé de quatre mille cinq cents
en 1970-1980 à deux mille cinq cents en 2000. Quant à la
France, elle démantèle en ce moment son arsenal du plateau
d'Albion pour en faire des laboratoires de recherches.

La Russie produit encore des armes nucléaires, mais ses
moyens sont très limités. Le véritable danger aujourd'hui,
avec ce pays, est l'exportation de son matériel radioactif, de
ses techniques et de ses ingénieurs vers des États voyous ou
des groupes terroristes[7]. Les États-Unis ont arrêté la production d'armes nucléaires en 1990, mais pas l'étude de nouveaux modèles par des simulations.

Comment se débarrasser des stocks ?

On s'active actuellement à utiliser ces substances radioactives
dans le cadre de l'industrie nucléaire civile. De grandes
quantités d'uranium et de plutonium sont stockées dans
des dizaines de milliers d'ogives nucléaires. On en retrouve
aussi dans les réacteurs des navires et des sous-marins atomiques.

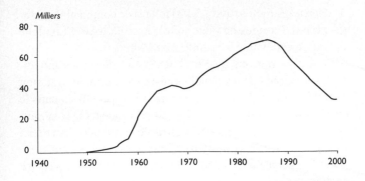

Figure 4.1. Nombre d'ogives nucléaires sur la planète. La réduction amorcée dans les années 1980 se poursuit régulièrement (*Vital Signs*, 2001, p. 87).

Le cas le plus dramatique est celui des centaines de navires soviétiques laissés à l'abandon, sans aucune surveillance, dans la mer de Barents, près de la Norvège, à la fin de la guerre froide. Cela représente plus de 24 000 tonnes de combustible irradié soumis à la corrosion et dont les émanations radioactives se font déjà sentir dans l'eau. Plusieurs pays, particulièrement la Norvège, ont récemment décidé d'aider la Russie à nettoyer ce site[8].

Les centres de production des armes atomiques sont devenus des dépotoirs radioactifs dont le nettoyage coûtera des sommes considérables. À Hanford, aux États-Unis[9], lieu de naissance des premières bombes atomiques, et sur un territoire de 1 500 kilomètres carrés, dix mille personnes travailleront pendant cinquante ans pour éliminer 1 400 tonnes

de décharges radioactives, 2 100 tonnes de combustibles irradiés (dont 7 tonnes de plutonium). Le coût total d'une telle
opération est évalué à 50 milliards d'euros !

De vastes régions de l'ex-URSS sont devenues inhabi-
tables, c'est le cas de Tchelyabinsk, par exemple, qui était
l'un des centres de production militaires spécialisés dans la
fabrication des armes nucléaires[10]. Les accidents se sont mul-
tipliés et ont souillé un vaste secteur de la province. Au début
des années 1950, vingt-deux villages ont été évacués. En
1957, un accident deux fois plus grave que Tchernobyl est
resté longtemps secret et a contraint à l'évacuation de dix
mille sept cents personnes.

Déchets chimiques industriels

*Quels sont maintenant les déchets produits et accumulés par
l'industrie civile, l'agriculture et les usages domestiques.*

Nous ne reparlerons pas ici des importantes quantités de
déchets engendrés par l'industrie nucléaire civile, sujet traité
en détail dans le chapitre sur les énergies.

Durant l'entre-deux-guerres, l'industrie chimique s'est fortement développée, et de nombreuses substances destinées à
l'industrie ou à l'agriculture ont été produites en laboratoire.
Après la Seconde Guerre mondiale, la chimie a fait irruption
dans notre vie quotidienne à travers, par exemple, les pesticides que nous utilisons pour l'agriculture, mais aussi tous
les produits utilisés dans les peintures, vernis, lessives, détergents, etc. Aujourd'hui, plus de cent mille produits chimiques

différents sont en vente dans le monde et près de mille substances nouvelles arrivent chaque année sur le marché[11].

Il aura fallu de nombreuses années pour que la toxicité de certains de ces produits soit reconnue. Ainsi le DDT (voir chapitre 2), commercialisé en 1938 et présenté comme l'insecticide miracle, a finalement été interdit en 1972. Entre-temps, plus de trois millions de tonnes de ce produit dangereux ont été répandues dans l'environnement. En 1980, l'Organisation mondiale de la santé (OMS) affirmait que, chaque année, les pesticides causaient près de vingt mille morts et près de trois millions d'intoxications diverses. Surtout dans les pays pauvres, où aucune précaution n'est prise. Il en va de même pour les polychlorobiphényles (PCB), qui furent introduits en 1929 et que l'on trouve dans de nombreux produits courants (peintures, vernis, etc.). On s'est aperçu que cette substance se répandait dans l'environnement terrestre et maritime et affectait les défenses immunitaires et les organes de reproduction des organismes vivants. Telle est l'explication la plus plausible de l'hécatombe dont sont victimes les phoques, les dauphins et les marsouins depuis le milieu des années 1980. Ces mammifères marins accumulent les pesticides dans leur chair durant de longues années et finissent par succomber à de petites affections dues à la baisse très sensible de leurs défenses immunitaires.

Risques toxiques

Ces affections des défenses immunitaires et des organes sexuels peuvent-elles atteindre l'homme, qui est situé au bout de la chaîne alimentaire et qui possède de surcroît une longue durée de vie favorisant l'accumulation de nombreuses substances chimiques ?

Il est encore difficile d'avoir une idée précise sur la contamination de l'espèce humaine par les PCB[12]. On observe dans les pays industrialisés une hausse constante des cancers des organes génitaux et du sein, qui pourrait avoir un lien direct avec cette contamination. En 1950, une Américaine sur vingt développait un cancer du sein, contre une sur huit aujourd'hui. On assiste également à un phénomène de féminisation dû au fait que les PCB provoquent un dérèglement hormonal en sécrétant trop d'hormones femelles dans les organismes contaminés. Ce qui a été largement démontré chez l'animal (phénomènes de stérilité et de malformation masculine) commence à apparaître chez l'homme. Comme on l'a déjà mentionné, les humains ont déjà perdu plus de la moitié de leurs spermatozoïdes *(figure 4.2)*.

De graves problèmes se posent également avec l'usage domestique de substances toxiques (comme le formaldéhyde, utilisé dans le cirage des meubles, les colles, les vernis, les bombes dépoussiérantes, etc.) qui provoquent des allergies, de l'asthme, et sont probablement cancérigènes. L'air des maisons en est pollué. Une solution est une ventilation très régulière. Ouvrez vos fenêtres[13]…

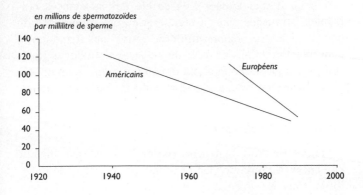

Figure 4.2. Diminution de la concentration de spermatozoïdes dans le sperme des Américains et des Européens depuis 1938.

Il y a encore le traitement des bois par l'arséniate de cuivre, qui leur donne une si jolie teinte verte. Inventé en Inde en 1933, ce produit protège le bois contre les insectes et les moisissures. Les enfants jouent sur les surfaces traitées et se mettent les doigts dans la bouche, ce qui peut provoquer de graves troubles de santé.

Pollutions minières et marées noires

Nous avons mentionné les noires pollutions provoquées par les naufrages des grands pétroliers (*Amoco Cadix*, *Erika*, *Prestige*, etc.) et l'arrivée des masses gluantes qui envahissent les côtes, paralysent la pêche et tuent des dizaines de milliers d'oiseaux.

À cela, il faut ajouter l'ensemble des substances polluantes[14] utilisées pour la récupération des minerais et du
pétrole. Chaque région minière, active ou abandonnée,
conserve longtemps sa dose de substances toxiques (mer-
curc, etc.) qui se disséminent dans l'environnement et souvent détruisent la faune et la flore sur d'immenses territoires.

Les déchets du plastique

Mais il faudrait également parler du plastique, inventé
peu après la Première Guerre mondiale. Difficile de réper-
torier tous les avantages et services apportés par cette
matière aux humains[15]. Mais ce qui fait sa grande qualité
– à savoir sa durabilité et sa résistance à la corrosion, dues à
la présence de chlore comme dans les CFC et les PCB –
constitue aussi son grand défaut : il ne se dégrade qu'après
de nombreuses décennies, voire des siècles. D'où l'accumulation de déchets, particulièrement visibles sur les
plages, au bord des cours d'eau et dans le désert autour des
oasis, dont les paysages sont complètement défigurés par
les sacs volants aux quatre vents. Lors d'une randonnée
pédestre de plusieurs jours dans le Sahara tunisien, le premier signe de l'approche d'une oasis fut pour nous, une
envolée de sacs en plastique colorés. J'ai pensé que la
colombe de Noé s'était tristement métamorphosée.

On sait maintenant que ces débris de plastique flottant sur
la mer (dont la quantité est cent fois plus importante qu'en
1990 !) transportent des organismes variés qui, en atteignant
des rivages insulaires ou continentaux lointains, constituent
de grandes menaces pour les faune et flore locales[16].

Enfin, le plastique pose un ultime problème quand on veut le détruire. Soumis à la flamme, il dégage en effet des substances chlorées qui provoquent l'apparition de dioxines toxiques.

J'imagine que la liste des déchets civils contient bien d'autres substances indésirables ?

Hélas oui, la liste serait longue ! Ainsi, selon la FAO[17], 500 000 tonnes de pesticides périmés, non utilisés ou interdits, sont stockées dans des zones rurales, à proximité des champs et des puits. Tout comme les quelque 600 000 tonnes de farines animales inutilisables après le drame de la « vache folle ». On ne sait pas comment s'en débarrasser sans dépenser des sommes colossales.

Si tout cela se confirme, on va vers une véritable hécatombe dans les décennies à venir. Faute de preuves irréfutables, ne peut-on, au nom du principe de précaution, interdire les produits incriminés, ou, au moins, avertir le public ?

Le problème est que, pour des raisons de rentabilité économique, on ne prend pas le temps de tester suffisamment longtemps les nouvelles substances mises sur le marché. Or il faut souvent de nombreuses années pour s'apercevoir qu'un produit est toxique. Tous les produits dont la toxicité est indéniable sont interdits, mais ils continuent de nous intoxiquer pendant très longtemps, le plus souvent par le biais de la chaîne alimentaire. Certains produits, comme le DDT, ont été interdits il y a trente ans, mais il faudra attendre près d'un siècle pour qu'ils disparaissent des milieux contaminés. Sans parler du fait qu'ils sont encore utilisés clandestinement ou dans certains pays en voie de développement. Nous avons déjà évoqué ce problème avec la pollution des nappes phréatiques par les nitrates, dont on ne sait avant combien de temps elles seront à nouveau pures, même si l'on arrête maintenant toute nouvelle pollution.

Explosions chimiques

Le dernier point que je voulais évoquer concerne les risques d'explosions chimiques. En 1976, la tragédie de Seveso, en Italie du Nord, a alerté les experts sur les risques liés au fonctionnement des usines chimiques. En 1982, on a établi une liste dite « Seveso » des sites à risques. Mais l'explosion de l'usine AZF de Toulouse[18], même si les causes restent inconnues, montre que le problème demeure entier et risque même de s'aggraver avec le vieillissement des installations et l'accroissement de la population aux abords de ces sites.

On pourrait évoquer aussi la catastrophe de Bhopal, en Inde, dans la nuit du 2 au 3 décembre 1984, qui a fait immédiatement plus de deux mille victimes et soixante mille blessés graves, sans parler des malformations chez les dizaines de milliers d'enfants nés après le drame. Ces accidents dramatiques semblent malheureusement inévitables à moins de fermer toutes les usines à risques. Et que peut-on faire pour éliminer ces stocks de déchets chimiques interdits ou périmés ?

En France, par exemple – mais ces proportions par habitant sont à peu près partout les mêmes –, les particuliers produisent annuellement environ vingt millions de tonnes de déchets, les industries cent cinquante millions et l'agriculture (y compris les industries agroalimentaires) quatre cents millions. C'est donc ce dernier secteur qui est le plus gros producteur de déchets, mais aussi le principal responsable des pollutions des sols et des eaux, comme nous l'avons déjà évoqué.

Pour l'ensemble de la planète, on évalue à près d'un milliard de tonnes par an les seuls déchets citadins, lesquels sont le plus souvent déversés dans des décharges à ciel ouvert, comme à Pékin, qui en compte plus de quatre mille. Pour éviter cela, il faut faire des efforts en amont (élimination de certains matériaux non dégradables ou toxiques) et en aval (incinération des déchets et récupération de la chaleur, comme cela est pratiqué en région parisienne).

Quant aux déchets provenant des industries et de l'agriculture, ils posent davantage de problèmes et sont encore trop souvent déversés dans l'environnement, qu'ils polluent pour longtemps.

Pollution de l'espace

Il faudra bientôt aller vivre dans l'espace pour trouver un environnement non pollué !

Oui, mais pas trop près de la Terre…, car, outre la pollution atmosphérique, on compte environ dix mille débris liés aux différentes expériences spatiales et aux lancements de satellites [19]. Ces débris tournent autour de la Terre, l'emprisonnent dans un bouclier de boulets destructeurs, mettent en danger tous les satellites scientifiques, et constituent une menace pour les projets de station spatiale internationale. Ils créent également une pollution lumineuse. En se fracassant, ils engendrent une couche nébuleuse (comme un brouillard) qui absorbe et réémet la lumière du Soleil, ce qui est un problème pour l'observation astronomique *(planche XIII)*.

Ne peut-on les éliminer ?

Les objets qui orbitent en basse altitude finissent par retomber dans l'atmosphère et se désintégrer. Au-dessus de 1 000 kilomètres, ils sont là pour toujours.

Vous parlez aussi de pollution lumineuse…

En effet, l'une des grandes victimes de cette industrialisation à l'échelle de la planète, c'est le contact des êtres humains avec les étoiles. Aujourd'hui les astres, les planètes, la Voie lactée, qui ont si longtemps accompagné les êtres humains dans leur réalité nocturne sont largement inconnus d'une grande partie de la population. Les lampadaires urbains, les éclairages des routes, bien sûr nécessaires mais souvent excessifs, nous coupent de ces émotions intenses que chacun ressent face à la nuit profonde et au ciel illuminé d'étoiles. Il y a aujourd'hui un mouvement, né chez les astronomes amateurs, qui prend de plus en plus d'ampleur pour demander la réduction de cet éclairage et redonner aux gens la possibilité de regarder les astres [20].

La redoutable tâche…

Il a fallu moins d'un seul jour à Hercule pour nettoyer les écuries d'Augias. Même si l'homme arrêtait immédiatement toute pollution (ce qui est loin d'être le cas), il lui faudrait des siècles pour éliminer les déchets toxiques qui souillent l'air, la terre et les eaux de notre si belle planète.

ANNEXE

4.1. Histoire et situation de l'armement nucléaire

Rappelons brièvement l'histoire de l'arme nucléaire. Le physicien américain d'origine hongroise Leo Szilard est le premier à découvrir en 1939 la possibilité théorique de fabriquer une bombe atomique. En 1941 est lancé le « Manhattan Project », qui aboutira en 1945 à la première explosion expérimentale à Alamogordo, au Nouveau-Mexique. Un an plus tard, deux villes japonaises, Hiroshima et Nagasaki, sont anéanties, faisant plus de deux cent mille victimes. Dès lors, la course aux armements nucléaires ne cesse de progresser entre Américains et Russes. En 1954, les premiers mettent au point deux bombes H, à base de deutérium et de lithium, de 15 et 11 mégatonnes, soit respectivement 750 et 500 fois Hiroshima. Le 30 octobre 1961, l'URSS fait exploser une bombe de 58 mégatonnes, soit 3 000 fois Hiroshima ! À l'apogée de la guerre froide, de la fin de 1961 à fin de 1962, Américains et Soviétiques déclenchent 170 explosions nucléaires, dont 110 dans l'atmosphère.

La radioactivité de l'air augmente énormément. L'iode 131 s'accumule, principalement dans la thyroïde des fœtus et des bébés. Après le dénouement de la crise de Cuba, un traité sur l'arrêt partiel des essais nucléaires (Partial Test Ban Treaty, PTBT, « traité d'interdiction partielle des essais ») est signé le 5 août 1963. Il interdit les explosions nucléaires dans l'atmosphère, dans l'espace et sous l'eau. Le « traité de limitation des seuils » (Threshold Test Ban Treaty, TTBT) de 1974 limite ensuite les explosions souterraines à 150 kilotonnes. Le moratoire décrété par l'URSS dans le courant des années 1985 et 1986 ne servira à rien, bien au contraire, puisque le Pentagone procédera pendant cette période à vingt-trois essais.

Avec la chute du mur de Berlin et la fin de la guerre froide, le nombre des essais va diminuer. À partir de 1992, il tombe à moins de dix par an. En 1996, l'Assemblée générale des Nations unies adopta le texte du Comprehensive Test Ban Treaty (CTBT, « traité d'interdiction des essais nucléaires ») par cent cinquante-huit oui, trois non et cinq abstentions. Vu le refus de l'Inde, le CTBT fut plus ou moins préservé sous la forme d'une résolution d'adoption. En 1998, cent cinquante gouvernements l'avaient signé, mais seulement vingt pays l'avaient ratifié. La résolution d'adoption s'est contentée de demander l'arrêt de tous les essais nucléaires, ce qui a permis de ne pas réduire à néant le traité de non-prolifération nucléaire (TNP) réactualisé en 1995. En 2002, le traité d'interdiction complète des essais nucléaires n'est toujours pas mis en œuvre. Sur les quarante-quatre États qui possèdent des réacteurs nucléaires et dont la ratification est requise pour l'entrée en vigueur de l'accord, seuls trente et un ont déposé leurs instruments de ratification. Autre source de tensions, le projet américain de bouclier antimissile qui menace la limitation et la réduction des armements stratégiques offensifs…

5. Les animaux, nos frères

> *« Je suis le frère en Dieu de tout ce qui vit,*
> *de la girafe et du crocodile, comme de*
> *l'homme, et le concitoyen de tout ce qui*
> *habite le grand hôtel garni de l'univers. »*
>
> G. Flaubert

La biodiversité en crise

Frédéric Lenoir – Vous avez pris de nombreuses fois position pour la biodiversité en alertant l'opinion publique sur la disparition des espèces animales et végétales. Qu'est-ce qui motive ce combat pour sauvegarder la biodiversité sur la planète ?

Hubert Reeves – On fait souvent état dans les recherches en agronomie, en pharmacopée et, d'une façon générale, dans plusieurs domaines de l'industrie, des pertes qui pourraient résulter de la disparition de certaines espèces vivantes. C'est vrai. Mais pour aborder cette question dans toute sa dimension, il me paraît essentiel de nous extraire au départ de notre vision anthropocentrique de la nature.

Les vivants existent de leur plein droit et n'ont pas à se

justifier d'exister. Les expressions « espèces nuisibles » et « mauvaises herbes » ne sont que le reflet d'un préjugé séculairement ancré jusque dans la Genèse[1] que les plantes et les animaux sont là pour nous servir ou nous réjouir et que nous avons sur eux un droit discrétionnaire. En réalité, nous ne sommes qu'une espèce parmi tant d'autres, et, face aux disparitions dont nous sommes responsables, nous mériterions vraiment le qualificatif d'espèce nuisible à l'harmonie et à la préservation de la biodiversité.

Chaque extinction est une perte irréparable, un désastre navrant. C'est la première et la plus importante justification de la préservation de la diversité. Toutes les espèces qui existent de fait ont le droit d'exister, et les êtres humains ont le devoir de les protéger et de ne pas provoquer leur extermination.

Une autre raison pour préserver la biodiversité de la nature est son immense palette de formes et de couleurs. Chaque plante, chaque animal est une merveille : une manifestation de la prodigieuse inventivité et de la créativité de la vie qui s'est développée pendant des centaines de millions d'années et dont nous sommes issus. Le spectacle de l'épanouissement de la végétation au printemps, le retour des oiseaux migrateurs sont des éléments qui manquent cruellement à l'humanité contemporaine largement confinée dans le béton urbain. Jouir de la beauté de la nature est essentiel à notre équilibre psychique *(planche XIV)*.

J'évoquerai seulement ensuite le potentiel économique et médical perdu par l'appauvrissement de la biodiversité[2]. La pharmacopée a largement profité des connaissances médicinales traditionnelles des différentes ethnies. Dans le vaste ensemble des plantes non encore inventoriées ou mal connues, il y a sans doute d'importantes moissons de nouveaux remèdes qui ne guériront jamais personne si on les élimine.

Extinctions

On pourrait vous objecter qu'il y a eu des extinctions d'organismes vivants tout au long de l'histoire de la Terre. La vie change sans cesse. Des espèces meurent, d'autres, mieux adaptées, se développent. Pourquoi, aujourd'hui, refuser la disparition de certaines espèces ? N'est-ce pas la loi même de la nature ?

Il est vrai que le nombre d'espèces a beaucoup changé tout au long de l'histoire de la Terre. L'évolution à l'œuvre pendant des milliards d'années en fait continuellement apparaître de nouvelles tandis que d'autres disparaissent. En régime de croisière, entre les périodes cataclysmiques de la géologie (chutes de météorites, volcanisme à l'échelle planétaire, etc), des perturbations variées, causées par exemple par des changements climatiques, entraînent l'élimination de certaines espèces. Mais ces pertes sont compensées par l'arrivée de nouvelles espèces mieux adaptées.

Avec le développement de l'agriculture et de l'élevage, il y a environ dix mille ans, l'homme est devenu responsable de nombreuses disparitions. L'ère industrielle a formidablement accéléré le taux d'extinction.

La situation contemporaine sur ce plan a été évoquée dans le Prologue. On y a mis en encadré une liste des estimations de plusieurs des meilleurs spécialistes. Les évaluations présentées ne concordent pas toutes, mais elles sont d'accord sur la possibilité d'élimination d'une fraction majeure des espèces vivantes d'ici à la fin du siècle.

Comment pouvons-nous évaluer le nombre d'extinctions ainsi que la fraction disparue ?

On évalue à peu près à dix millions le nombre d'espèces vivant aujourd'hui sur la Terre, sans compter les virus et les bactéries. Ce nombre est très incertain[3]. Seulement 1,4 million ont été identifiées et nommées[4]. Parmi elles, environ 750 000 insectes (dont 20 000 papillons), 250 000 plantes, 42 000 vertébrés.

Pour déterminer la fraction disparue[5], on utilise ce qu'on appelle « le principe d'Olaf Arrhenius et d'Edward O. Wilson » sur la destruction des habitats. Selon ce principe largement vérifié sur le terrain, on estime que lorsque 50 % d'un territoire donné (une île par exemple) a été détruit, 90 % des espèces endémiques ont été exterminées. Ajoutons que les espèces ne sont pas interchangeables. L'existence de chacune d'entre elles – qui est le produit de milliards d'années d'évolution – joue un rôle dans le fonctionnement de l'écosystème. En ce sens le nombre d'extinctions évaluées sous-estime largement l'étendue des dommages.

Quelles sont les causes de cet accroissement exponentiel du taux d'extinction ?

Elles sont nombreuses[6], mais nous ramènent toujours à la même cause ultime : l'action de l'homme sur la nature. Destruction des milieux naturels et des habitats, chasse, surpêche, braconnage, pesticides, pollutions, effet de serre, destruction de la couche d'ozone, etc.

J'imagine que beaucoup d'espèces en diminution ou en voie de disparition sont totalement inconnues du public[7], mais pourriez-vous en énumérer quelques-unes parmi celles qui nous sont familières ?

D'abord une expérience personnelle. Il y a vingt-cinq ans, dans notre jardin de Malicorne, j'ai planté un buddleia, appelé encore « arbre à papillons ». Par les jours chauds d'été je pouvais compter des dizaines de variétés différentes voletant autour des corolles odorantes. Or, ces dernières années, cette population a considérablement diminué. Même constatation avec les hirondelles qui nidifiaient dans nos vieilles granges et les grenouilles qui coassaient dans l'étang. On ne les voit plus, ou en très petit nombre[8].

Une commission issue de la Convention sur le commerce international des espèces de faune et de flore sauvages menacées d'extinction (Cites) est aujourd'hui chargée de faire la comptabilité des espèces menacées et d'en réglementer le commerce[9].

Chez les grands mammifères, le rhinocéros est le plus menacé à très court terme. On en comptait 70 000 en 1960 et à peine 2 000 en 2000. Bien que protégé, il est braconné pour sa corne[10]. Les éléphants sont en diminution rapide depuis que le commerce international de l'ivoire a repris en 1997[11]. Il y a 30 ans, les éléphants étaient plus de 2 millions. Ils sont moins de 300 000 aujourd'hui. Si le braconnage retrouvait son niveau d'avant interdiction (90 000 bêtes tuées par an entre 1970 et 1989), tous les éléphants pourraient disparaître d'ici à quatre ans. Quant aux grands félins, ils sont en péril à cause de la fragmentation de leur habitat[12].

À cause du réchauffement des régions polaires, les ours polaires sont menacés de ne plus trouver les conditions de leur subsistance[13]. Le dernier bouquetin des Pyrénées s'est éteint il y a quelques années.

Le territoire du bonobo, la variété de chimpanzé la plus proche des humains, limité au nord par le fleuve Congo, au sud par la rivière Kasaï, ne dépasse pas 200 000 km². Sa population est passée de cent mille individus en 1980 à dix mille aujourd'hui. Si le déboisement et le braconnage continuent, l'espèce s'éteindra très bientôt, la femelle n'ayant qu'un petit tous les cinq ou six ans[14].

Pour les animaux aquatiques la situation n'est guère meilleure. Les cétacés sont en mauvaise posture, surtout la baleine bleue, qui ne compte plus aujourd'hui que quelques milliers de spécimens alors qu'on les estimait à plus de deux cent mille en 1920. Même si leur pêche commerciale est interdite depuis 1986, plusieurs pays comme le Japon ou la Norvège transgressent la loi sous prétexte de recherches scientifiques[15].

Il faudrait parler aussi de l'effet très négatif des sonars militaires sur ces mammifères. En mars 2000, par exemple, on a retrouvé quatorze baleines échouées aux Bahamas victimes d'hémorragies crâniennes dues à des ondes sonores intenses. La marine américaine a reconnu sa responsabilité[16].

Les bélugas du Saint-Laurent, au Canada, présentent le plus fort taux de cancer (27 %) enregistré chez les mammifères et sont aussi en voie de disparition[17]. La pollution industrielle serait à l'origine de cette hécatombe. Leur population est tombée de cinq mille au début du XXe siècle à six cent cinquante aujourd'hui.

Le phoque moine a probablement disparu de la planète[18]. On observait sa présence depuis l'Antiquité sur les côtes françaises de la Méditerranée. À la fin du XIXᵉ siècle, on l'apercevait encore de Nice à Banyuls, et il abondait dans les îles d'Hyères. Le dernier individu a été observé en Corse en 1973.

En France également, le vison d'Europe est au bord de la disparition. On pourrait évoquer encore le cas du saumon atlantique[19]. Au cours des vingt dernières années, il a régressé de 78 %, victime de nombreux problèmes : barrages, surpêche, pollution.

Les bancs de coraux des mers tropicales, si joliment colorés, si foisonnants d'organismes exotiques (gorgones, poissons clowns…), qu'on explore en nage superficielle à l'aide d'un simple tuba et qui sont si emblématiques des mers tropicales, pourraient bientôt ne plus être l'objet des rêves des touristes[20]. Plus du quart a maintenant disparu et la détérioration se poursuit à un rythme accéléré. Sont également touchés les si dignes hippocampes, minuscules chevaux marins dont les mâles portent les petits[21].

Les tortues de mer sont en voie d'extinction du fait de la pêche, mais aussi de l'ingestion de sacs en plastique, qu'elles confondent avec des méduses[22].

On pourrait continuer cette triste énumération pendant des pages et des pages.

Animaux, humains, même combat

Vous connaissez l'objection classique contre ceux qui s'investissent pour la cause animale : pourquoi s'activer autant pour leur survie alors que tant d'êtres humains sont en

grande difficulté ? Ne vaudrait-il pas mieux concentrer les
efforts sur ceux-ci ?

Il n'y a aucune opposition entre ces deux causes, bien au
contraire. Nous sommes ensemble sur le même bateau en
perdition… Je me souviens d'un poster dans un musée des
sciences aux États-Unis. Sous le titre « Espèces animales
éteintes ou menacées d'extinction », on pouvait voir un dodo
de l'île Maurice, un rhinocéros, un tigre blanc et en bas du poster… un homme, une femme et un bébé. Ça faisait un choc !

Tout au long de notre court séjour sur la planète, les animaux sont nos compagnons de voyage. Les connaissances
scientifiques contemporaines sur le fonctionnement de la vie
montrent combien nous sommes interdépendants des espèces
vivantes qui nous entourent. En fait, c'est l'ensemble de la
planète qui est impliqué dans un immense écosystème
incluant l'eau, l'air et la terre, et dans lequel chaque animal
et chaque plante jouent un rôle spécifique.

Encore une fois, la vie est extraordinairement robuste.
Selon toute vraisemblance, elle survivra, persistera et s'épa-
nouira au-delà de la crise contemporaine. Toute la question
pour nous, êtres humains, est de savoir si nous serons encore
là, et combien d'espèces nous aurons entraîné dans notre
naufrage. Préserver les plantes, les animaux et les hommes
relève du même combat, de la même lutte pour la survie.

Il y a un autre domaine où ces mêmes mots prennent
aussi un sens précis : celui du comportement personnel.
L'éveil de la compassion passe d'abord par l'attitude envers
les animaux. Il porte en lui l'espoir de voir diminuer les
cruels instincts guerriers si présents tout au long de l'histoire

de l'humanité et qui constituent une très grave menace pour son avenir maintenant que nous possédons des arsenaux si terrifiants (voir chapitre 4).

Vous avez mis en encadré un ensemble de citations émanant des plus grands esprits de l'humanité – de Pythagore à Gandhi, en passant par Léonard de Vinci, Montaigne ou Victor Hugo – qui attestent que « la cruauté qu'on exerce envers les animaux n'en est que l'apprentissage envers les hommes », pour reprendre les propres mots de Bernardin de Saint-Pierre. Ne pensez-vous pas que la sensibilité de l'homme évolue progressivement vers une plus grande compassion ? L'existence de nombreux mouvements de protection de la nature et des animaux n'est-elle pas un signe encourageant d'une évolution positive de l'humanité ?

Au cours des siècles passés, plusieurs écrivains et philosophes se sont élevés contre la cruauté envers les animaux. Mais, sauf erreur de ma part, les activités organisées[23] pour défendre les êtres vivants sont en effet relativement récentes dans l'histoire de l'humanité. La naissance de ces mouvements est liée à la prise de conscience de l'effet nocif de l'activité humaine sur l'environnement et la disparition de nombreuses espèces. Mais, comme vous le soulignez, elle manifeste surtout l'émergence d'une compassion pour les animaux associée à une volonté de prendre des mesures concrètes pour les défendre, non seulement de l'extinction, mais aussi des traitements cruels qui leur sont réservés.

Cela me paraît constituer une évolution de la sensibilité chez l'homme qui pourrait avoir une influence très positive sur l'histoire future des relations humaines. Raison de plus,

QUELQUES CITATIONS

« Tant que les hommes massacreront les bêtes, ils s'entre-tueront. Celui qui sème le meurtre et la douleur ne peut en effet récolter la joie et l'amour. » (Pythagore, v. 570-v. 480 av. J.-C.)

« Le jour viendra où le fait de tuer un animal sera condamné au même titre que celui de tuer un humain. » (Léonard de Vinci, 1452-1519, *Prophéties*.)

« Les naturels sanguinaires à l'endroit des bestes témoignent d'une propension naturelle à la cruauté. » (Michel de Montaigne, 1533-1592, *Essais*.)

« Quelle pitié, quelle pauvreté d'avoir dit que les bêtes sont des machines privées de connaissance et de sentiment. » (Voltaire, 1694-1778, *Dictionnaire philosophique*, « Bêtes ».)

« La cruauté envers les bêtes est la violation d'un devoir de l'homme envers lui-même. » (Emmanuel Kant, 1724-1804, *Métaphysique des mœurs*.)

« Entre la pitié envers les bêtes et la bonté d'âme, il y a un lien étroit. » (Arthur Schopenhauer, 1788-1860, *Le Fondement de la morale*.)

« Vous ne serez jamais, et dans aucune circonstance, tout à fait malheureux si vous êtes bon envers les animaux. » (Victor Hugo, 1802-1885.)

« Qu'est-ce que l'homme sans les bêtes ? Si toutes les bêtes disparaissaient l'homme mourrait, car ce qui arrive aux bêtes arrive bientôt à l'homme. » (« Déclaration au président des États-Unis », attribuée au chef indien Seattle, 1854.)

« Quand un homme désire tuer un tigre, il appelle cela sport. Quand un tigre le tue, il appelle cela férocité. » (George Bernard Shaw, 1856-1950.)

« La grandeur d'une nation et ses progrès moraux peuvent être jugés par la manière dont elle traite les animaux. » (Gandhi, 1869-1948.)

« Un seul oiseau est en cage et la liberté est en deuil. » (Jacques Prévert, 1900-1977.)

« L'homme a peu de chances de cesser d'être un tortionnaire pour l'homme, tant qu'il continuera à apprendre sur la bête son métier de bourreau. » (Marguerite Yourcenar, 1903-1987, 7 août 1957).

dirais-je, pour encourager et poursuivre de plus en plus activement ces mouvements de protection de la nature.

Vous vous êtes d'ailleurs personnellement impliqué dans la défense de la faune sauvage ?

Il y a quelques années, j'ai été invité par Allain Bougrain-Dubourg à une manifestation contre la chasse illégale des tourterelles des bois qui volent au printemps de la Mauritanie vers les pays scandinaves. Comme beaucoup de migrateurs au long cours, ces oiseaux cherchent autant que possible à survoler les terres plutôt que la mer, pour se poser en cas de fatigue et de faim. Cette stratégie les amène, quand ils survolent la Gironde, à passer au-dessus de la pointe de Grave pour ensuite traverser la mer jusqu'à Royan. Là, des milliers de chasseurs camouflés dans des cabanes surélevées les attendent et les descendent en masse. De ce fait, chaque année les populations déclinent et les pays nordiques protestent violemment.

Allais-je accepter cette invitation ? J'ai hésité longuement. Je suis d'un naturel assez peureux physiquement. Plutôt rester chez moi et protester par écrit depuis mon bureau, confortable et sûr ! Puis après une discussion avec Camille, ma femme, nous avons décidé d'y aller ensemble. Un car de gendarmes nous accompagnait. Je garde un souvenir horrible de cette rencontre : à quelques pas devant nous, des dizaines de chasseurs, certains en treillis, la figure hostile, hurlaient des injures en levant vers nous leurs poings et leurs fusils. Ces manifestations de haine, même si vous êtes à deux pas du car dans lequel vous pouvez vous réfugier à tout moment (et c'est ce que nous avons fini par faire !), sont traumatisantes et m'ont souvent réveillé la nuit sous forme de cauchemars.

Cela ne vous a pourtant pas empêché d'accepter la présidence de la Ligue pour la préservation de la faune sauvage !

Ce souvenir n'est certainement pas sans rapport avec mon adhésion au Rassemblement des opposants à la chasse (ROC) quelques années plus tard. Le ROC a été fondé en 1976 par Théodore Monod, un grand défenseur de la nature. À sa mort, on m'a proposé de prendre sa place. Mais à vrai dire, le nom de l'association ne me plaisait pas, car je ne suis pas un opposant systématique à la chasse. La chasse de subsistance est encore une activité nécessaire pour certaines populations humaines et la chasse de régulation peut être utile quand une espèce comme le sanglier prolifère au point de causer des dégâts importants à l'économie rurale. Je suis contre la chasse pour le plaisir de tuer, la chasse comme sport ou loisir car elle ravive et exprime les instincts cruels de l'homme.

Avant d'accepter ce poste, j'ai donc demandé et obtenu du ROC qu'il change de nom. L'association s'appelle maintenant « Ligue pour la préservation de la faune sauvage et pour la défense des non-chasseurs ». ROC est devenu un « logo » sans connotations négatives : la marque de la solidité de nos convictions. La pensée positive, « être pour », est plus efficace et plus constructive que la pensée négative.

Quels sont ces objectifs que vous vous êtes fixés ?

Nous avons des objectifs à court et à long termes.

L'activité de la Ligue porte d'abord sur des actions concrètes. Elle a obtenu une modification partielle de la loi Verdeille, qui permettait aux chasseurs d'entrer sur votre terrain, sans votre consentement, pour poursuivre et tirer un animal. De même, nous avons remporté des victoires juridiques entraînant une réduction des dates de chasse en accord avec une directive européenne. Nous faisons également des démarches pour obtenir l'interdiction du plomb dans les cartouches. Interdiction à laquelle on devrait aboutir en 2005. En effet, l'accroissement observé des niveaux de ce métal dans les sols et dans certains étangs est inquiétant. Ce n'est guère étonnant quand on sait que deux cent quarante millions de cartouches sont utilisées chaque année en France. Ingéré par les animaux, le plomb remonte la chaîne alimentaire et provoque chez le bétail, les oiseaux et parfois même chez les êtres humains une grave maladie, le saturnisme[24].

De plus, pour des raisons électoralistes ou autres, les autorités tolèrent des comportements illégaux de la part des chasseurs. Nous faisons connaître ces déviations afin que les lois soient correctement appliquées. Les chasseurs doivent aussi savoir reconnaître les espèces menacées et en conséquence éviter de chasser quand la lumière est insuffisante pour pouvoir les identifier. Nous militons donc contre la chasse nocturne, évidemment contraire à cette recommandation.

Mais la chasse n'est pas la seule activité qui nous préoccupe ; nous intervenons aussi en soutien des apiculteurs qui défendent les abeilles et, plus généralement aux côtés de tous ceux qui luttent contre les pesticides et autres substances toxiques.

Notre objectif à long terme est plus ambitieux. Nous avons espoir que la chasse, activité nécessaire je le répète, soit dissociée du contexte de cruauté dans lequel elle baigne généralement. On pourrait dire : il faut « humaniser » la chasse. Tuer un perdreau ou un lièvre ne devrait plus être admis comme un plaisir sportif ou un loisir.

N'est-ce pas irréaliste ?

Je ne crois pas. Il y a des raisons d'être optimiste sur ce sujet. L'histoire ici est porteuse de messages encourageants Il y a deux mille ans, sous l'Empire romain, les jeux du cirque étaient très populaires. Sous les applaudissements de la foule, des gladiateurs s'entre-tuaient et des lions dévoraient des êtres humains. À cette époque ces manifestations étaient acceptées et même valorisées. Sénèque, un philosophe romain par ailleurs connu pour ses qualités d'humaniste, écrivait : « Les jeux, allez-y à midi : c'est plus sanglant. Le soir c'est du chiqué ! »

Aujourd'hui toute tentative de réinstaurer cette tradition rencontrerait la plus grande opposition. Que s'est-il passé sinon l'acquisition progressive à l'échelle mondiale d'une nouvelle sensibilité : on ne tue plus les humains pour le plaisir des foules !

Dans le même ordre d'idée, pendant des siècles l'esclavage a été reconnu comme une nécessité pour le bien-être de la société (lisez Cicéron…). Il a été aboli au nom des droits de l'homme. Les esclavagistes contemporains, il y en a encore beaucoup, sont réprouvés et font souvent l'objet de poursuites. La situation des femmes s'est améliorée dans un grand nombre de pays et les talibans sont blâmés à l'échelle internationale. Ces évolutions nous donnent l'espoir et la volonté de continuer « l'humanisation » de l'être humain.

Mais ne pensez-vous pas qu'il soit un peu utopique de vouloir éradiquer la cruauté du cœur de l'homme ?

La cruauté sera toujours présente en l'homme et s'éveillera dès que les conditions sociales y seront favorables. On le voit à travers les nombreux exemples contemporains, de l'Allemagne nazie au Rwanda et aux Balkans, en passant par la Tchétchénie. Le rôle de la civilisation est de rendre la cruauté socialement inacceptable.

En quoi cela concerne-t-il la chasse et les chasseurs ?

Voici un événement qui est très instructif à ce sujet. Des reporters de télévision ont interviewé un jeune *sniper* de la guerre de Serbie. Un garçon aux allures douces et qui s'exprimait fort bien. Installé au sommet d'un immeuble de Sarajevo, il reconnaissait avoir tué à lui seul deux cent cinquante-six piétons. « Et comment cette envie vous est-elle venue ? », interroge le reporter. « La première fois, c'est quand mon père m'a mis un fusil entre les mains et m'a amené à la chasse aux canards. »

Son cas est un exemple extrême d'une pulsion obscure présente chez tous les êtres humains : la jouissance de tuer. C'est cette pulsion que la civilisation doit apprendre à contrôler. Là, je le répète, réside peut-être l'espoir de voir disparaître un jour les guerres sanglantes, les massacres et les génocides.

Le rôle de l'éducation est capital. Quand un enfant torture un insecte ou un animal, son éducateur doit lui montrer la barbarie de son acte et l'en dissuader. Car même s'ils ont parfois des pulsions sadiques, les enfants aiment instinctivement les animaux[25]. Il faut profiter de ce penchant naturel pour leur insuffler le respect de la vie et leur faire prendre conscience de l'importance qu'il y a à protéger la nature sous toutes ses formes. Notre ligue a mis au point un réseau visant à enseigner cette sagesse dans les écoles.

Cette sagesse est également celle du bouddhisme. Le Bouddha prône un respect absolu de la vie et une compassion active pour tout être vivant. De nos jours, le dalaï-lama, par exemple, ne manque jamais une occasion de s'opposer à la chasse pratiquée comme un amusement. Récemment encore, il a fait une déclaration publique contre la chasse aux trophées qui se développe en Mongolie (région bouddhiste) sous la pression de chasseurs occidentaux. « C'est totalement contraire aux principes du bouddhisme, affirmait-il. Comment pouvons-nous détruire et jouer avec la vie des animaux seulement par distraction, plaisir ou sport ? C'est impensable[26]. » Mais pour en revenir à la question de la chasse dans les pays occidentaux, avez-vous l'impression d'une prise de conscience de la population ?

Encore une fois, je suis plutôt optimiste. De nombreux États ont manifesté récemment une attitude très positive à ce sujet. L'Écosse, par exemple, vient d'interdire la chasse à courre, qui, selon les membres du Parlement écossais, est « un sport barbare qui n'a plus sa place dans une Écosse moderne et civilisée[27] ».

De même au Groenland[28], après une chute dramatique des populations de guillemots, d'eiders et de sternes, qui migrent non seulement dans ce pays mais aussi en Islande et au Canada, les saisons de chasse ont été largement écourtées, malgré les efforts d'une puissante organisation de chasseurs. Le ministre de l'Environnement a ajouté : « On se mentirait à nous-mêmes si nous ne suivions pas les avis de scientifiques. Nous voulons sauver ces espèces pour que les générations futures puissent en profiter… » Le Groenland interdit aussi l'utilisation du plomb dans les fusils de chasse à la suite de plusieurs cas d'empoisonnement grave de Groenlandais qui avaient mangé des oiseaux abattus avec des balles de plomb.

Des exemples semblables nous arrivent de bien d'autres pays comme l'Allemagne[29] et l'Angleterre. Même en France, où des considérations électoralistes entendent faire respecter « nos bonnes vieilles traditions ancestrales », aussi absurdes ou cruelles soient-elles, cette préoccupation est maintenant de plus en plus d'actualité.

C'est souvent l'opinion publique, d'ailleurs, qui devance les politiques sur cette question, comme l'a montré récemment un sondage en Italie[30].

L'expérimentation animale

Les associations de défense des animaux mènent aussi des campagnes contre les expériences en laboratoire, qui occasionnent parfois d'atroces souffrances aux animaux. Que pensez-vous de ces expérimentations qui sont souvent nécessaires pour faire avancer la recherche médicale ?

L'expérimentation médicale vise à l'amélioration de la santé humaine, mais aussi à celle de l'animal. C'est un sujet complexe qui oppose deux courants de pensée, dont l'un, « antivivisectionniste », s'est radicalisé alors que l'autre, « scientifique », évolue et cherche à réduire le nombre d'animaux impliqués dans l'expérimentation et à éliminer toute souffrance. Sans doute trop lentement…

L'expérimentation doit se cantonner à d'impérieuses nécessités. D'une part, elle doit être soumise à des règles éthiques, et la formation du chercheur devrait inclure la connaissance de ses obligations morales et légales. D'autre part, on peut espérer que la recherche et le développement de techniques de remplacement contribueront un jour à la marginaliser…

Jusqu'à sa disparition ?

Il est prématuré de l'affirmer.

Aujourd'hui, dans les pays anglo-saxons, se développe un vaste débat philosophique sur le statut de l'animal. Certains affirment que l'on devrait considérer les animaux, et même

les plantes, comme sujets de droit et non comme de simples
objets que l'on peut acheter, vendre, détruire...

Avant de tuer l'ours qu'ils avaient capturé, les Indiens de
mon pays, le Canada, lui faisaient des excuses : « Nous
n'avons rien à manger. C'est toi ou nous. » Ils considéraient
les animaux comme des « peuples frères » et non comme des
« choses ». C'est en effet toute la question du statut de l'animal qu'il faut repenser aujourd'hui (voir, à cet égard, la
Déclaration universelle des droits de l'animal, texte sans portée juridique mais qui suscite la réflexion), et, d'une manière
plus générale, celle de la place de l'homme dans la nature.

6. Le spectre de la misère planétaire

La faim dans le monde

Frédéric Lenoir – Il aurait été facile, dans les années 1970 et 1980, de reprocher aux courants écologiques de ne défendre que la cause des plantes et des animaux et non celle des hommes. Mais aujourd'hui ce n'est plus le cas. Face aux centaines de millions d'êtres humains qui vivent dans un extrême dénuement, les écologistes ont pris conscience du fait que la préservation de la planète et la lutte contre la misère sont intimement liées.

Hubert Reeves – Nous abordons ici le sujet le plus doulou- reux. Celui que nous préférons cent fois ignorer. Mais le fait est là. La misère et surtout la disparité des richesses repré- sentent, avec le réchauffement planétaire, les plus grandes menaces pour l'avenir de l'humanité.

Nous avons vu précédemment que la situation de la faim dans le monde s'était améliorée au cours du XXᵉ siècle. Il n'en demeure pas moins qu'à chaque minute, quelque part sur la terre, à quelques heures de vol de nos réfrigérateurs bien gar- nis, quinze personnes meurent de faim. Un être humain sur dix est sous-alimenté[1]. Il n'a aucun sanitaire à sa disposition et doit parcourir parfois des kilomètres pour avoir accès à de l'eau, souvent non potable. Un être humain sur trois vit au-dessous du seuil de pauvreté, estimé à moins de 2 dollars par jour *(planche XV)* !

Quelles sont les régions du monde les plus touchées ?

L'Afrique reste le continent le plus touché, surtout la zone subsaharienne. En Somalie, 75 % de la population souffre de malnutrition. Ce taux dépasse 50 % au Burundi, au Congo, au Mozambique et en Angola. La faim reste un fléau en Inde, mais aussi en Afghanistan, en Haïti, au Honduras, au Venezuela, ainsi que dans de nombreuses régions d'Asie centrale. Les plus atteintes sont les régions rurales . Là, 75 % de ceux qui y vivent dans la misère sont des agriculteurs locataires des terres qu'ils cultivent. Pas étonnant que les indicateurs, de santé, d'éducation et de participation politique, y soient bien inférieurs à ceux des régions urbaines[2] *(figure 6.1)*.

Pauvreté et problèmes d'environnement

Plus les citoyens sont défavorisés, moins ils peuvent faire face aux problèmes de santé dus à la pollution ou aux perturbations environnementales. Résultat : ils subissent de façon disproportionnée les contrecoups des problèmes environnementaux[3].

Figure 6.1. Sécheresse et incurie politique provoquent la famine en Afrique (*Le Monde*, 17 décembre 2002). Trente-huit millions d'Africains sont dans une situation désespérée. Les pays en gris sont les plus affectés.

Vous faites sans doute allusion au drame des « éco-réfugiés »,
ces millions de personnes obligées de se déplacer pour cause
de sécheresse, de déforestation ou de montée des eaux.

Entre autres. Mais il faut nuancer. Les déplacements de
populations liés à des catastrophes naturelles ont toujours
existé. Ce qui est nouveau aujourd'hui, c'est que d'autres
causes s'y ajoutent, directement liées aux activités humaines.
Exemple : la désertification due à l'érosion ou aux cultures
trop intensives qui forcent les paysans à se déplacer[4] (chaque
année un million de Mexicains émigrent vers les États-Unis
pour cette raison). Le Programme des Nations unies pour
l'environnement (PNUE) estime que les réfugiés pour des
causes écologiques sont plus de vingt-cinq millions, soit à peu
près autant que les réfugiés politiques[5]. À cela il faut ajouter
les catastrophes industrielles (près de quatre cent mille
personnes déplacées après l'accident de Tchernobyl) et les
graves problèmes climatiques. Réchauffement de l'air, montée des eaux et autres calamités, comme l'ouragan Mitch,
sont la cause de nombreux déplacements de populations.

Or, avec l'accroissement du réchauffement, ce nombre ne va
cesser de croître. La montée du niveau des océans menace de
nombreux deltas pauvres et surpeuplés, mais aussi des paradis
touristiques, comme l'archipel polynésien ou les Maldives.
Une hausse d'un mètre du niveau de la mer entraînerait l'exil
de quinze à vingt millions de personnes au Bangladesh, de dix
millions de personnes dans le delta du Mékong et de quatre millions au Nigeria. Autre exemple, la fonte des glaciers hima-
layens provoque une montée rapide des eaux d'une douzaine
de grands lacs, qui menacent dès lors de submerger de nombreux villages népalais situés dans les vallées.

Les problèmes écologiques ont donc pour conséquence une aggravation de la pauvreté dans le monde. Ce sont souvent les zones déjà les plus pauvres de la planète qui sont les plus exposées aux conséquences du dérèglement climatique. À l'inverse, la pauvreté provoque-t-elle une détérioration de l'environnement ?

Oui et à des niveaux très divers.

En Afrique, par exemple, des populations entières fuyant la famine ou les massacres n'ont eu comme ultime refuge que la forêt profonde. Ces arrivées massives d'êtres humains en détresse dans les territoires des réserves animalières mettent en grave danger des espèces animales : singes, fauves, oiseaux rares, qui bénéficiaient d'une protection dans les parcs nationaux.

Au Chili, le long de la route panaméricaine, j'ai vu la nuit des camionneurs qui brûlaient de vieux pneus pour se réchauffer. On voyait s'élever d'immenses nuages de fumée noire, nauséabonde, polluante et toxique.

Un paysan arrache et brûle des arbres de la forêt brésilienne, parce qu'il n'a pas d'autres solutions pour se chauffer et se nourrir. Le dégagement de gaz carbonique accroît l'effet de serre. De plus, il détruit les habitats de milliers d'espèces qui disparaîtront et ne seront plus disponibles pour la pharmacopée. C'est le traditionnel « retour de bâton » qui nous atteint dans notre tour d'ivoire, le seul bâton laissé aux déshérités pour nous rappeler leur existence et leur misère. Or, ce qui est certain c'est que tous, riches ou pauvres, nous paierons les conséquences de l'effet de serre.

C'est vrai. Mais ce sont quand même les pays les plus indus-
trialisés qui contribuent le plus à la production de gaz
carbonique et au réchauffement de la planète. Le Brésil, par
exemple, avec une population légèrement inférieure à celle
des États-Unis produit 1,5 % des émissions mondiales de
gaz carbonique contre 25 % pour ceux-ci [6]. En résumé, ce sont
quand même les pays riches qui polluent le plus. Et ce sont
les pays les plus pauvres qui en paient déjà et qui en paieront
le plus dramatiquement les conséquences. Notamment les
pays surpeuplés du Sud-Est asiatique et ceux de l'Afrique
de l'Ouest, où des millions de personnes risquent d'être
victimes d'une montée des eaux. Ne croyez-vous pas que tant
que nous ne nous sentirons pas directement concernés, nous
ne ferons aucun effort sensible pour moins polluer ?

À court terme, il est certain que les pays en voie de développement sont beaucoup plus menacés que nous par les conséquences du réchauffement. Mais à moyen et long termes,
comme nous l'avons vu au début de cet ouvrage, nous
sommes tous concernés, et c'est l'humanité entière qui est
en grave danger. Il faut donc que les pays industrialisés, qui
produisent le plus de gaz à effet de serre, le comprennent ; à
commencer par les États-Unis, qui refusent actuellement de
signer tout protocole mondial sur cette question.

Je crains malheureusement que cela ne reste un vœu pieux.
L'histoire montre que les humains ont beaucoup de mal à
anticiper et à changer leur mode de vie au nom du principe
de précaution. Pour en revenir à la pauvreté dans le monde,
je voudrais faire une nouvelle fois allusion au livre du
Danois Bjørn Lomborg, qui affirme que tout va mieux sur la

terre, que la pauvreté a plus régressé au cours des cinquante dernières années que dans les cinq derniers siècles et que, pour preuve, l'espérance de vie sur la planète est passée de 30 à 67 ans au cours du XXe siècle[7]. Ces statistiques ne viennent-elles pas contredire le cri d'alarme contre l'accroissement de la misère dont vous vous faites l'écho ?

Le fossé Nord-Sud

Un immense fossé s'est creusé entre les pays du Nord et ceux du Sud et, au sein même de ces régions, entre les plus riches et les plus pauvres. On ne souffre plus de famine en Europe ni en Amérique du Nord, les soins médicaux se sont améliorés et, en conséquence, l'espérance de vie s'est considérablement allongée.

Telle n'est pas la situation dans bien d'autres pays du monde. Faute de soins et de vaccinations[8], 11 millions d'enfants de moins de 5 ans succombent chaque année[9].

Une épidémie comme celle du sida *(figure 6.2, page suivante)* illustre bien ce propos[10]. Tandis qu'elle cause de moins en moins de décès en Occident, grâce à l'usage de médicaments appropriés, on va vers une gigantesque hécatombe en Afrique, dans certains pays d'Asie – notamment en Chine – et dans l'ex-URSS. Autant de régions où les populations n'ont pas accès aux thérapies coûteuses qui permettraient de sauver des centaines de millions de vies. Résultat : dans les régions défavorisées, l'espérance de vie des humains diminue depuis une décennie, en particulier en Afrique, où elle est maintenant de 45 ans[11], et dans l'ex-Union soviétique.

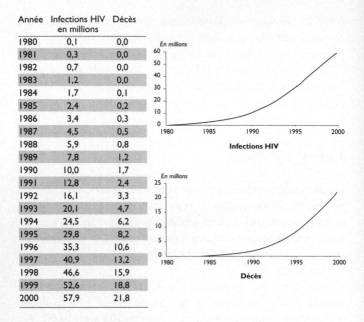

Année	Infections HIV en millions	Décès
1980	0,1	0,0
1981	0,3	0,0
1982	0,7	0,0
1983	1,2	0,0
1984	1,7	0,1
1985	2,4	0,2
1986	3,4	0,3
1987	4,5	0,5
1988	5,9	0,8
1989	7,8	1,2
1990	10,0	1,7
1991	12,8	2,4
1992	16,1	3,3
1993	20,1	4,7
1994	24,5	6,2
1995	29,8	8,2
1996	35,3	10,6
1997	40,9	13,2
1998	46,6	15,9
1999	52,6	18,8
2000	57,9	21,8

Figure 6.2. Croissance du sida dans le monde depuis 1980. Nombre d'infections HIV et nombres de décès (*Vital Signs*, 2001, p. 79).

À cela s'ajoute l'effet des instances religieuses qui persistent à lutter contre la contraception[12]. Cette attitude contraint bien des femmes vivant dans les pays en voie de développement à donner naissance à des enfants non désirés. Elle augmente – alors que son objectif est de le réduire – le nombre des avortements clandestins, provoquant ainsi la mort de nombreuses mères et accroissant le taux de mortalité parmi les enfants abandonnés.

Ce fossé continue-t-il de se creuser en ce début de XXIe siècle
ou bien tend-il à se réduire ?

Malheureusement la situation se dégrade. En 1960, les revenus cumulés des 10 % des hommes les plus riches du monde
étaient trente fois plus élevés que ceux des 10 % les
plus pauvres. En 2000, le rapport est de soixante-quatorze
(figure 6.3) !

En Afrique équatoriale le nombre d'enfants affamés s'est
accru au cours des deux dernières décennies[13]. On prévoit
que, en 2025, cinq des huit milliards d'humains souffriront
de maladies engendrées par la pollution de l'eau *(figure 6.4,*
page suivante) et que vers 2050 plus de 50 % de la population sera passée en deçà du seuil de pauvreté. On voit se pro-
filer un avenir où une population de plus en plus réduite,

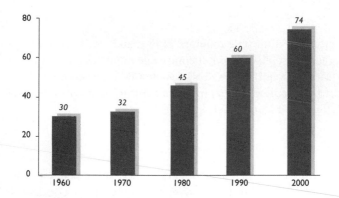

Figure 6.3. Accroissement des inégalités de richesse depuis 1950.
Rapport des revenus cumulés des 10 % les plus riches sur les 10 % les
plus pauvres (UNDP, *Human Development Reports*).

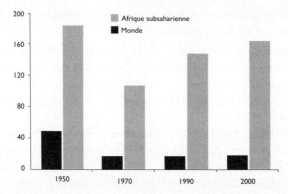

Figure 6.4. Taux de mortalité par malaria par 100 000 habitants depuis 1950 dans le monde en général, et en Afrique équatoriale en particulier. Après un minimum dans les années 1970, le taux augmente régulièrement.

profitant d'un luxe toujours plus grand, se barricadera en ghettos aseptisés et armés contre une population immense de déshérités qui tentera de survivre et de lutter contre la faim et la maladie dans un environnement toujours plus dégradé *(figure 6. 5, page 198)*…

Pauvreté, violence et terrorisme

Cette situation est révoltante en soi, mais elle est aussi source d'instabilité politique. La misère peut conduire à l'avènement de dictatures cruelles, comme on l'a vu en Allemagne avec la montée du nazisme au début des années 1930. Elle est le terreau de la violence, comme on le voit dans les banlieues des grandes villes, mais aussi du terrorisme sous toutes ses formes.

Le 11 septembre 2001 nous a confirmé combien nous sommes vulnérables. Or le terrorisme pourrait fort bien ne pas se contenter de détruire des gratte-ciel. Il pourrait choisir des moyens autrement dévastateurs avec des armements nucléaires, chimiques, bactériologiques et autres. Par sa nature même, il ne s'agit plus d'ennemis identifiés à une nation (comme l'Allemagne nazie) et qu'une coalition mondiale pourrait neutraliser, mais de réseaux aux mille têtes, comme l'Hydre de Lerne, dont les têtes repoussent dès qu'on les a coupées.

Aucun arsenal atomique, aucun bouclier antimissile n'a la moindre efficacité face à cette menace.

Vous savez tout comme moi que le rapport entre la misère et le terrorisme est très discutable et discuté[14]. *Les responsables de l'attentat des Twin Towers ne sont pas des pauvres démunis, loin s'en faut. Mais vous voulez sans doute dire que le fossé qui sépare les pays riches des pays pauvres peut faire le lit du terrorisme en développant une haine de l'Occident et en permettant aux terroristes de trouver un soutien à leurs actions auprès de populations démunies ?*

Les pauvres n'ont évidemment ni les moyens ni l'organisation requise pour détourner des avions. Tout au plus peuvent-ils, comme en Afrique du Sud, incendier et piller des centres d'achat et se livrer à des actes de vandalisme à l'échelle de leurs moyens. La violence quotidienne, de plus en plus répandue dans toutes les banlieues défavorisées du monde, est une manifestation du ressentiment de ceux qui n'ont

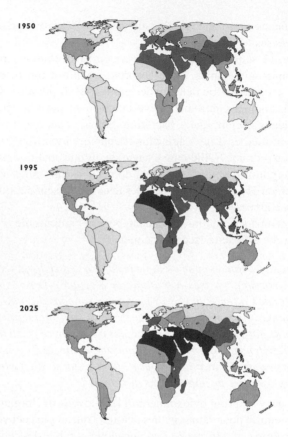

Figure 6.5. Distribution géographique des régions où la sécheresse était la plus sévère en 1950 et en 1995, avec une projection vers 2025. Les régions les plus sombres sont les plus sèches. En Afrique du Nord et au Proche-Orient, les réserves d'eau seront huit fois plus faibles en 2025 qu'en 1950 (*Courrier de l'Unesco*, février 1999).

comme avenir que le chômage et la vie dans des quartiers délabrés. Cette situation nous rappelle que la misère est le ferment du désespoir, de la haine et, finalement, le terreau du terrorisme. Ceux qui n'ont rien, ceux qui n'ont pas d'avenir, ceux qui n'ont que haine pour les pays riches qui les exploitent, sont des candidats kamikazes tout désignés. Et s'ils ne sont pas pauvres à titre individuel, comme ce fut le cas pour les kamikazes de Ben Laden, ne tirent-ils pas de cette injustice collective leur haine mortelle de l'Occident ?

Je partage ce sentiment, que j'ai exprimé publiquement quelques jours après les attentats du 11 septembre 2001[15]. Au nom d'une certaine vision de l'islam, des extrémistes, tel Ben Laden, veulent la mort de la civilisation occidentale et nous devons combattre cette forme d'islamisme politique de toutes nos forces. Mais pour des centaines de millions de musulmans qui aspirent à se rapprocher de l'Occident, et de son mode de vie, la bannière de l'islamisme n'est bien souvent que le support idéologique d'une colère, d'un sentiment d'injustice et d'un ressentiment envers nous, qui ne sont pas sans raisons. Il nous est en tout cas plus facile de rendre l'islamisme seul responsable du terrorisme que de s'interroger sur les causes sous-jacentes sur lesquelles il fleurit. Si une grande fermeté s'impose face à la folie meurtrière des fanatiques, ne faut-il pas aussi agir sur les racines socio économiques du problème ? Comment combler le fossé Nord-Sud et parvenir à une plus juste répartition des richesses, sans répéter les erreurs du communisme à l'échelle mondiale ?

Changement de comportement

Rappelons d'abord que la trentaine de pays développés représente 20 % de la population, mais qu'ils produisent et consomment 85 % des produits chimiques synthétiques, 80 % de l'énergie non renouvelable, 40 % de l'eau douce et qu'ils émettent dix fois plus de gaz à effet de serre par habitant que les pays du Sud. Ce qui fait dire cyniquement à Silvio Berlusconi, effaçant d'un coup les effets de siècles de colonialisme et de néocolonialisme : « Ce n'est pas la faute des pays industrialisés s'ils détiennent 80 % de la richesse mondiale[16] ! »

Il s'agit avant tout de cesser d'avoir le profit pour seul objectif, de protéger nos seuls intérêts, quitte à ruiner des populations entières à l'autre bout du monde.

L'attitude des États-Unis sur la question des marchés du coton est symbolique de ce qu'il faut arrêter de faire. Les prix mondiaux du coton chutent à cause des aides financières que Washington accorde aux cotonniers américains, qui en produisent plus que jamais et envahissent les marchés. Même le *Wall Street Journal* dénonçait récemment ce comportement : « En élargissant ainsi le fossé entre riches et pauvres, les subventions vont créer des problèmes. Les ressortissants des pays producteurs de coton d'Afrique de l'Ouest, où l'islam est la religion dominante, affluent en masse dans les villes d'Europe. Ceux qui restent sur place voient de plus en plus de religieux originaires du Pakistan et du Moyen-Orient visiter leurs mosquées et leurs écoles coraniques. Les gouvernements laïcs du Mali et des États voisins soulignent avec insistance qu'ils ne laisseront pas les organisations terroristes, qui cherchent à embrigader les mécontents du monde, transformer leur pays en centre de recrutement, mais rappellent que la pauvreté persistante fait monter le mécontentement[17]. »

On peut lutter contre la pauvreté dans le monde de mille manières : commençons par ne plus la produire. Ce sera déjà un grand pas de fait. Ensuite les idées ne manquent pas pour aider les pays pauvres à résoudre leurs problèmes, la première étant l'annulation de leur dette. L'économie des pays pauvres est exsangue parce qu'une fraction importante des revenus nationaux est versée en intérêts aux pays riches au nom de la dette nationale[18].

En décembre 2002, l'administration américaine a également opposé un refus à la demande de l'ONU d'envoyer des médicaments génériques pour lutter contre le sida en Afrique... pour préserver les intérêts financiers de son industrie pharmaceutique. Cette décision, égoïste, abonde dans le sens de vos propos. Depuis une trentaine d'années, la lutte contre la faim semble pourtant être une priorité des Nations unies et de nombreux organismes internationaux, comme la FAO. Les décisions prises et les grandes déclarations ne sont-elles jamais suivies d'effet ?

En 1974, le sommet de la FAO se donnait pour objectif d'éradiquer la faim en une décennie. Vingt ans plus tard, reconnaissant que le nombre d'affamés n'avait pas diminué, cette même association demandait plus modestement que la famine soit diminuée de moitié d'ici à 2015. À Rome, en juin 2002, Jacques Diouf, directeur de la FAO, s'est vu refuser, par les pays riches, les 24 milliards de dollars qu'il demandait pour atteindre cet objectif. La conférence s'est achevée sans aucun engagement des pays industrialisés. Au rythme où vont les choses, la diminution de moitié ne sera pas effective avant 2065. Au Sommet de Rio, les pays riches avaient promis de consacrer 0,7 % de leur PIB à l'aide aux pays pauvres. En fait, ils y consacrent moins de 0,3 %. Les États-Unis seulement 0,1 %, et ce montant est en régression[19].

L'aide à l'agriculture des pays pauvres en provenance des instances internationales a chuté de près de 50 % de 1990 à 2000. Elle touche aussi directement aux progrès de l'éducation, en particulier celle des femmes. Les femmes éduquées ont tendance à faire moins d'enfants et s'occupent mieux de leur alimentation. Rio prévoyait pour 2000 une diminution de moitié du nombre d'illettrés. En fait, le nombre de personnes qui ne savent ni lire ni écrire est tombé de 25 % à 21 %, mais le nombre de femmes illettrées a augmenté.

Il faudrait donc une solidarité beaucoup plus forte des pays riches envers les pays pauvres pour remédier à cette situation. Le grand défi, auquel l'humanité est aujourd'hui confrontée, c'est de mettre en œuvre un développement économique durable qui ne laisse pas au bord de la route des populations entières du globe et qui respecte les équilibres naturels de la Terre. C'est loin d'être impossible : cela demande simplement une volonté politique concertée des États industrialisés.

7. Agir

*Frédéric Lenoir – Que faire ? C'est la question qui se pose
au terme de ce tour d'horizon si préoccupant sur l'état de
la planète.*

Hubert Reeves – Le principal élément d'espoir est l'intérêt
croissant des êtres humains pour la défense de la planète.
Ce sentiment, pratiquement inexistant autrefois, a pris naissance progressivement à mesure que les dangers sont apparus. Personne dans le passé ne s'est activement ému de la
disparition, il y a quelques milliers d'années, des forêts méditerranéennes, ni de l'extinction des dodos de l'île Maurice
ou encore de celle des immenses troupeaux de phoques et
de tourteaux observés par Jacques Cartier à son arrivée au
Canada, vers 1536.

La naissance de la préoccupation environnementaliste,
c'est-à-dire de l'écologie, date d'environ deux siècles. On
assiste depuis quelques décennies[1] à l'émergence de l'éco-

logisme planétaire, alimenté en permanence par le débat sur l'effet de serre, les changements climatiques et l'inter-relation entre l'environnement et le développement.

À l'échelle internationale, on voit s'organiser des séries de rencontres pour discuter des problèmes les plus importants et chercher des solutions[2].

Le Sommet de la Terre à Rio, en 1992, avait soulevé une réelle espérance. Quel est son bilan ?

Rio fut à la fois une grande déception[3] et une date importante dans l'évolution de la situation. Que cent soixante-dix pays se soient décidés à prendre le problème écologique suffi-samment au sérieux pour se rassembler et chercher collecti-vement des solutions est, il faut bien le dire, un événement capital dans l'histoire de la planète. Pour moi le résultat le plus positif de Rio est d'avoir introduit grâce à la télévision, dans le vocabulaire mondial, et ce, à tous les niveaux sociaux, le mot « écologie ». Rio a fait prendre conscience de l'existence de menaces réelles sur notre monde, et de la nécessité d'une mobilisation planétaire pour assurer l'avenir.

Démocraties

Comment faire évoluer les démocraties pour qu'elles intè-grent activement les problèmes écologiques contemporains qui impliquent des actions à long terme ? Comment faire pour qu'elles soient en mesure de mettre en œuvre des actions coûteuses étalées sur des décennies ?

La démocratie, disait Churchill, est « le pire des systèmes, à l'exception de tous les autres ». Mais face aux problèmes contemporains elle a le grave défaut d'être assignée à penser à court terme, c'est-à-dire à l'échelle des mandats électoraux. Devant les décisions qui impliquent l'avenir au-delà de leur mandat – et tout spécialement si les solutions exigent des dépenses importantes qui risqueraient de les rendre impopulaires –, les hommes politiques ont une fâcheuse tendance à laisser traîner les problèmes pour les transmettre à leurs successeurs. Nous retrouvons ici les difficultés liées au Nimto (« pas durant mon mandat électoral »), évoquées au chapitre 2 sur l'énergie (p. 103).

En 2000, Al Gore, alors vice-président des États-Unis, et réputé grand défenseur de la nature, déclarait au président Bill Clinton (sentence fatidique qui pourtant résume bien la situation) : « Le minimum [d'actions, de dépenses, d'investissements...] scientifiquement nécessaire pour combattre le réchauffement de la planète dépasse largement le maximum politiquement faisable pour ne pas perdre les prochaines élections. »

Le Président a reçu le message cinq sur cinq, et presque rien sur ce plan n'a été entrepris pendant son mandat. Cela n'a pas empêché le candidat démocrate d'être battu aux élections de 2001. Son successeur, George W. Bush, en refusant de signer les accords de Kyoto, continue dans la même voie.

C'est tout l'état d'esprit de la politique qui doit être modifié en profondeur si on veut éviter le naufrage... À ce sujet, il faut aussi parler du rôle ambigu des ministères chargés de l'environnement, qui, dans nos démocraties, servent trop souvent de faire-valoir aux différents gouvernements. J'ai eu l'occasion de rencontrer plusieurs de ces ministres au Canada comme en France. Leurs messages sont à peu près les mêmes : « Si vous saviez comme nous avons peu de poids lors des rencontres interministérielles, face en particulier à l'équipement et au transport ! »

Dans son documentaire exemplaire *L'Erreur boréale* (Office national du film canadien) dénonçant les coupes à blanc de bois dans le nord du Québec, le chanteur Richard Desjardins apprend de la bouche même du ministre de l'Environnement que sa responsabilité est limitée… aux cours d'eau. La forêt est entièrement sous le contrôle des compagnies forestières, qui achèvent le plus librement du monde de l'abattre jusqu'aux limites de la toundra septentrionale.

Et pourtant, les ministères de l'environnement devraient être les porte-parole privilégiés des aspirations écologiques des citoyens. Il est de première importance que leurs voix se fassent entendre clairement et efficacement. Pour cela, ils ont besoin de l'appui des électeurs par la voix des mouvements de protection de la nature. L'écologie doit être un contre-pouvoir. En Allemagne, en Scandinavie, en Angleterre, les citoyens sont très engagés. La France est un des mauvais élèves de l'Europe.

Associations et organismes non gouvernementaux (ONG)

Parlons des associations et des ONG qui aujourd'hui jouent un rôle considérable dans la défense de la nature.

Il faut encourager fortement tous ceux qui se sentent concernés par la sauvegarde de la planète à les rejoindre. Car plus les associations sont puissantes, plus elles parviennent à mettre en œuvre des projets concrets et à influer sur les politiques publiques.

Pourtant certains groupements semblent contribuer à brouiller le débat en exagérant les menaces, en prônant des solutions radicales totalement irréalistes ou en menant certaines actions médiatiques très discutables.

On sait bien que, selon l'adage, « l'enfer est pavé de bonnes intentions ». La radicalisation et l'extrémisme sont nuisibles à la cause écologique. Mais cette tendance reste minoritaire par rapport au formidable travail effectué par les associations partout à travers le monde, et de plus en plus aujourd'hui dans des pays en voie de développement.

Quelques exemples de progrès concrets

Quelles sont les principales actions positives en faveur de l'environnement qui ont malgré tout été effectuées au cours de la dernière décennie ?

Je crois que la réalisation la plus positive pour l'avenir est justement cette prise de conscience et cet intérêt croissant des citoyens pour la cause de la planète. Cette sensibilité nouvelle à la protection de l'environnement est un signe extrêmement encourageant pour l'avenir. Reste à la convertir en actions concrètes. Même si la plupart des grands problèmes ne sont pas encore résolus, de nombreuses actions ont été engagées par des particuliers, des associations et des États[4].

Nous avons déjà évoqué l'interdiction des CFC pour protéger la couche d'ozone ou l'apparition des pots catalytiques contre les pluies acides. Mentionnons encore les progrès obtenus dans la remise en état de nombreux cours d'eau[5].

Actions urbaines

Plusieurs actions bénéfiques ont déjà été entreprises par des communautés urbaines. Une idée très efficace et en même temps très esthétique est d'installer des jardins sur le toit des bâtiments, comme dans les villes de Toronto, au Canada, et de Chicago, aux États-Unis. Cela peut faire descendre la température locale de plusieurs degrés en été, ce qui évite la formation de smog. Le problème des voitures dans les villes a été partiellement réglé par des cités comme Copenhague (Danemark), Curitiba (Brésil) et Karlsruhe (Allemagne) par une forte amélioration des transports en commun[6]. La ville de Olsztyn, en Pologne, a donné l'exemple d'économie d'énergie en diminuant ses éclairages nocturnes.

Dans un autre domaine, en accord avec la mise en œuvre des directives européennes pour protéger les zones humides, le gouvernement britannique a sélectionné soixante-quinze sites de zones humides (superficie totale : 361 000 hectares) appelés sites « Ramsar[7] », auxquels sera donné « le plus haut niveau de protection possible ».

Par ailleurs, depuis quinze ans, plusieurs pays d'Asie du Sud et d'Océanie (Chine, Nouvelle-Zélande, Philippines, Sri Lanka, Thaïlande et Vietnam) interdisent l'exploitation de leurs forêts naturelles et cherchent à obtenir une plus grande part de leur approvisionnement en bois par des plantations forestières ou des systèmes agroforestiers[8].

Enfin, une bonne surprise nous vient de la Chine, connue par ailleurs pour ses comportements insoucieux par rapport à l'écologie (exemple de la construction du barrage des Trois Gorges sur le Chang Jiang) : de nouveaux sites Ramsar y sont créés régulièrement. Ils recouvrent maintenant plus de 24 000 kilomètres carrés (un peu moins de la surface de la Belgique). Un centre de protection de la nature vient également de s'ouvrir en Chine pour secourir les oiseaux migrateurs qui souffrent de la pollution quand ils survolent les régions urbaines.

Rescapés de justesse

Des espèces pratiquement éteintes, comme les bisons d'Europe ou les chevaux de Prjevalski, ont été sauvées de justesse par des centres spécialisés[9].

De nombreux parcs zoologiques abritent les derniers survivants de plusieurs espèces et s'efforcent, parfois avec succès, de les réintroduire dans leur milieu naturel. En Nouvelle-Zélande, l'une des plus rares variétés de perroquet, le kakapo, a été sauvée de justesse. Sa population, qui était descendue à soixante-deux individus, a recommencé à croître rapidement. En France la population des mérous recommence à prospérer dans les eaux protégées de la Méditerranée[10].

Éconologie

On voit aussi se développer une « économie verte »...

Vous faites allusion à ce qu'on appelle l'« éconologie ». C'est la prise de conscience que les mesures écologiques sont souvent rentables. Résultat : plusieurs industries ont modifié leur comportement en ce sens. Une enquête menée par une banque suisse sur soixante-cinq entreprises européennes a montré un accroissement de la rentabilité proportionnel à l'intensité de leurs performances environnementales[11]. Loin d'être diamétralement opposés, les objectifs économiques et écologiques se rejoignent donc dans bien des cas.

Nous avons déjà évoqué le développement récent de l'agriculture biologique, qui ne cesse de progresser. L'exemple de Biocoop[12] est remarquable et montre comment on peut réussir à modifier les règles du jeu économique, et contribuer à préserver l'environnement et la santé des hommes.

Écotourisme

On pourrait parler aussi de l'« écotourisme ». Les voyages d'exploration de la nature étaient très peu pratiqués dans le passé. Seuls quelques grands explorateurs s'aventuraient sur des terres inconnues, à leurs risques et périls. Un des effets positifs du tourisme est la protection que les pays visités sont prêts à mettre en œuvre pour que les sites conservent leur intérêt. Beaucoup de nations ont découvert que l'utilisation de l'appareil photographique est plus rentable que celui du fusil. L'éléphant du Kenya se laisse photographier de nombreuses fois, il ne succombe qu'une fois sous le fusil du chasseur. Aujourd'hui, hormis par les Japonais et les Norvégiens, les baleines ne sont plus chassées. On cherche plutôt à les empêcher de disparaître. Et le fait que cette espèce soit devenue un objet d'intérêt pour les touristes est un élément important. J'ai eu récemment l'occasion de visiter un parc transfrontalier, le parc du W, qui s'étend sur le Niger, le Bénin et le Burkina-Faso, en Afrique de l'Ouest. Les excursions en pirogue sur le fleuve Niger, parmi les oiseaux de toutes couleurs, sont un enchantement. En accord avec les trois pays, une commission européenne (Ecopas) a pris en charge la remise en état de ce parc. À visiter…

Ce que vous dites est vrai, mais peut-être pas du tourisme de masse, qui exerce souvent une pression très forte sur les milieux naturels, sans parler de la détérioration des paysages.

Je me souviens que lorsque j'étais étudiant au Québec, j'allais approcher les baleines du fleuve Saint-Laurent. De grands troupeaux viennent s'y nourrir. Ils nous offrent le spectacle magnifique de leur immense corps noir qui émerge gracieusement à la surface embrumée de la mer, lancent dans l'espace leurs jets sonores, puis disparaissent en agitant à peine la nappe aquatique. Quelques années plus tard, les visiteurs arrivant par centaines sur de gros bateaux ont provoqué chez ces animaux de graves perturbations. Une sévère réglementation a été appliquée, concernant aussi bien le nombre de visiteurs que la distance d'approche.

Dangers imprévus

Il est évident – et cela dépasse le cadre de l'écotourisme – que chacune de nos actions peut rencontrer des difficultés imprévues et aggraver la situation, là même où on voulait l'améliorer. L'exemple classique est celui des CFC, ces molécules destructrices de la couche d'ozone qui, au départ, avaient été choisies pour leur stabilité et donc leur action non polluante…

Autre exemple : au Bangladesh[13], dans le but d'irriguer les terres et de fournir de l'eau potable aux populations, les ingénieurs de la British Geological Survey ont creusé un grand nombre de puits dans le delta du Gange. Personne ne pouvait soupçonner que cette opération allait ramener à la surface de grandes quantités d'arsenic contenu dans les sédiments. Aujourd'hui soixante-quinze millions de personnes sont menacées de graves empoisonnements. Toujours la difficulté de prévoir les conséquences à long terme de chaque initiative ou projet.

Bien sûr, le tourisme, même écologique, peut être nocif du fait du nombre. Il doit être strictement contrôlé. Mais il reste la source d'une prise de conscience bénéfique. Il peut apporter un soutien aussi bien à la nature qu'aux cultures locales et jouer un rôle pédagogique très précieux pour tous et, en particulier, pour les enfants.

Pour un « projet anti-Manhattan » écologique

En pratique, que faut-il faire d'urgence pour régler les problèmes les plus préoccupants ?

En 1941, face à la menace des victoires allemande et japonaise et à la possibilité de l'expansion à l'échelle mondiale de la barbarie nazie, un projet (nommé « projet Manhattan ») de fabrication d'une nouvelle arme d'une puissance inouïe a été mis sur pied de toute urgence aux États-Unis. On a rassemblé à Los Alamos, au Nouveau-Mexique, un nombre impressionnant des meilleurs scientifiques et techniciens spécialisés, auxquels on a accordé des budgets pratiquement illimités. Le travail s'est poursuivi à une cadence extrêmement rapide et, en moins de quatre ans, ils ont réalisé l'une des plus grandes prouesses scientifiques. Partis de pratiquement rien, ils ont mis sur pied la bombe atomique. Si je signale cet événement, ce n'est pas pour discuter de la pertinence de ce projet, mais pour illustrer le fait que les humains sont capables, lorsqu'ils rencontrent les plus graves défis, de déployer des facultés prodigieuses si la situation les y oblige.

Les chapitres précédents nous ont décrit les graves menaces qui pèsent aujourd'hui sur notre avenir. Il est temps de mettre sur pied des projets de la dimension du « projet Manhattan », en espérant que des moyens monétaires aussi considérables et des esprits aussi puissants se mettront à l'œuvre le plus rapidement possibles. Sinon…

Énergie

Il faut développer de toute urgence toutes les formes d'énergie renouvelables, pour leur permettre de rencontrer les échéances de la fin du siècle.

En parallèle, diminuer considérablement notre consommation d'énergie en mettant en place le ferroutage et les transports qui consomment moins d'énergie et provoquent moins d'accidents. Mais aussi parce que plus d'un tiers de la production de gaz carbonique responsable du réchauffement de la planète sont produits par les voitures et les camions.

Il faut cesser de déboiser inconsidérément, replanter des arbres pour arrêter la progression des déserts et des zones stériles [14]. Et recréer des zones humides pour absorber la pluie et lutter contre les inondations.

Après l'émergence d'un droit d'ingérence internationale à titre humanitaire dans la dernière décennie, il faudrait instaurer, comme le suggère Jean-Marie Pelt, un droit d'ingérence écologique en cas de catastrophe majeure [15].

Pour lutter contre la faim l'agriculture doit être profondément transformée. Il faut obtenir une sécurité alimentaire pour les milliards d'affamés de la Terre. Développer avec primes à l'appui l'agriculture biologique qui se passe des produits issus de la chimie. Mettre un terme aux monocultures. Favoriser le retour aux cultures intégrées à chaque région. Retrouver les modes ancestraux d'utilisation des sols et des nappes d'eau. Acheter « bio » et encourager le commerce équitable [16] : chaque achat est un vote pour ou contre la mainmise des multinationales sur le commerce mondial.

Mais il est bien clair que toutes les mesures préconisées

pour enrayer la détérioration de la planète seront sans effet sans une éradication de la misère et de la famine. Plutôt que de préparer la trop fameuse et extraordinairement coûteuse « guerre des étoiles », il faudrait organiser une véritable croisade contre la pauvreté, prenant la forme d'aides internationales réelles et accrues, manifestant un véritable souci pour tous les êtres humains[17].

Qu'est-ce que chacun de nous peut faire ?

À l'échelle individuelle, chacun peut agir par quantité d'actions concrètes[18]. Nous avons la responsabilité de notre proche environnement, une réalité qu'il importe d'enseigner à nos enfants.

À l'échelle sociale, on peut s'associer aux mouvements de protection de la nature ; par exemple, la grande fédération France Nature Environnement, à laquelle notre Ligue pour la préservation de la faune sauvage est affiliée, ou aux fondations telles que celle de Nicolas Hulot, et donner ainsi à ces associations les moyens de leurs actions[19].

En peu de mots, il est de toute urgence de développer une « mondialisation de l'écologie » capable de s'opposer efficacement aux méfaits et aux pollutions provoqués par la nouvelle mondialisation de l'économie.

Responsables du futur

Cela implique des choix douloureux et des mesures drastiques. Sommes-nous prêts à renoncer à tous les avantages du confort de la vie moderne ? Quel parti politique serait assez courageux pour construire son programme sur une réduction massive de la circulation automobile ou de la production énergétique ? Et quel gouvernement, dans les pays en voie de développement, accepterait de renoncer au modèle occidental parce qu'il met en péril les équilibres écologiques de la planète ? Peut-on arrêter notre élan vers toujours plus de consommation d'énergie ?

L'histoire a montré que l'homme attend toujours d'être confronté à une catastrophe avant de changer radicalement d'attitude. Mais comme vous le rappeliez dans le prologue, le caractère inédit de la crise contemporaine c'est que la catastrophe en question risque fort d'être la dernière, puisqu'elle pourrait rendre la planète inhabitable aux humains. Nous ne pouvons donc plus agir, comme par le passé, de manière pragmatique, en espérant trouver des solutions pour résoudre les problèmes posés par les avancées technologiques. Face à l'ampleur de la menace, nous devons absolument anticiper une éventuelle catastrophe et poser des limites, suspendre notre action en de nombreux domaines. Comme le souligne Paul Ricœur, la responsabilité ne se décline plus seulement par rapport au passé (je suis responsable de tel acte commis), mais par rapport au futur, « celui des conséquences prévisibles dont on assume la charge[20] ». Paul Ricœur rejoint l'analyse du philosophe allemand Hans Jonas, selon lequel nous sommes aujourd'hui responsables du futur le plus lointain, formulant ainsi le nouvel impératif des civilisations technologiques : « Agis de telle sorte qu'il existe encore une humanité après toi et aussi longtemps que possible[21]. »

Épilogue

Frédéric Lenoir – Depuis Patience dans l'azur, *tous vos ouvrages témoignent d'un émerveillement devant l'histoire du cosmos, devant l'extraordinaire processus qui a abouti à la formation des galaxies et des systèmes solaires, puis à l'apparition de la vie et de l'homme sur la Terre. Votre engagement, aujourd'hui si fort en faveur de la planète, ne vient-il pas justement de cet émerveillement et de cette crainte que ce que la nature a si bien élaboré pendant des milliards d'années, l'homme ne le détériore en l'espace de quelques décennies ?*

Hubert Reeves – Au XXe siècle les existentialistes avaient défendu l'idée que l'homme est un étranger dans l'univers. Qu'il est « de trop ». Une sorte de chancre. Depuis ce temps, les nouvelles connaissances scientifiques, la découverte du big-bang, le déchiffrage de l'histoire de l'univers à partir d'un chaos initial vers des états de complexité de plus en plus grands, jusqu'à l'apparition de la vie sur la Terre ont réfuté cette vision du monde. Nous savons maintenant que nous nous inscrivons dans une histoire qui s'étend sur quinze milliards d'années, que notre présence implique l'existence antérieure d'innombrables étoiles fabricatrices d'atomes et de galaxies fabricatrices d'étoiles.

Cette filiation donne une dimension supplémentaire à l'existence humaine. Il ne s'agit plus d'une simple et fugitive anecdote mais d'un chapitre de cette grandiose histoire. Elle implique pour nous une grave responsabilité : celle d'assurer la survie de la conscience et de l'intelligence sur la Terre.

Notre livre, après bien d'autres, pose une question cruciale : cette complexité croissante que nous percevons tout au long de l'histoire de l'univers est-elle viable ? Quinze milliards d'années d'évolution pour l'avènement d'un être capable de découvrir l'origine de l'univers dont il est issu, de déchiffrer le comportement des atomes et des galaxies, d'explorer le système solaire, de mettre à son service les forces de la nature, mais incapable de se mobiliser pour empêcher sa propre élimination ! Voilà en résumé le drame auquel nous sommes confrontés aujourd'hui.

Des biosphères comme la nôtre existent vraisemblablement en grand nombre dans l'univers. L'hypothèse de l'apparition de la vie sur d'autres planètes, son évolution vers des organismes de plus en plus complexes jusqu'à l'émergence de l'intelligence, sous une forme ou une autre, est certes encore spéculative mais nullement invraisemblable.

Imaginons un instant que ce qui s'est passé sur la Terre se soit produit dans des milliers, des millions, voire des milliards d'endroits. Des « extraterrestres » développent des techniques de survie, se chauffent, émettent du gaz carbonique (les lois de la physique, cela nous le savons par ailleurs, sont les mêmes partout dans l'univers), découvrent l'énergie nucléaire, etc. À terme, quand leurs ressources naturelles s'épuisent, ils entrent dans une crise semblable à celle que nous connaissons aujourd'hui.

Imaginons encore qu'une escouade de vaisseaux interplanétaires entreprenne alors de recenser l'état des planètes autour des étoiles. Que trouveront-ils ? Là où l'intelligence locale aura réussi à redresser la situation passée, ils atterriront sur une planète verte et découvriront les merveilles de créativité que la nature tient encore en réserve. (Les œuvres de Bach et de Van Gogh n'existaient pas sur notre terre il y a trois siècles.)

Sur les autres planètes un sol pollué de déchets chimiques et radioactifs inscrira à leurs yeux, comme sur une stèle funèbre, le message de l'échec de leurs populations.

J'utilise cette image pour illustrer la portée cosmique de la crise que nous traversons. C'est l'avenir de la complexité à son plus haut niveau, l'intelligence, la conscience, la créativité artistique, qui se joue aujourd'hui sur notre planète.

Un élément positif de la crise contemporaine

Dans la tempête, quand le navire menace de sombrer, les marins, oubliant leurs conflits et leurs querelles, s'unissent pour tenter de sauver le navire. La mobilisation humaine qui prend de l'essor aujourd'hui à l'échelle planétaire est déjà un élément positif de la crise contemporaine.

Prendre conscience de cette insertion des êtres humains dans cette odyssée cosmique donne un sens profond à l'existence. Après la disparition des idéologies sociales du XXe siècle, cette nouvelle cause est susceptible d'engendrer de nouveaux dynamismes, en particulier chez les jeunes. Elle provoquera, espérons-le, une prise de conscience de notre identité de Terriens, bien au-delà des nationalismes, des racismes et des sexismes.

La complexité et l'intelligence peuvent être viables. Cela dépend de nous ! C'est là un message capital pour les générations à venir.

Postface

La première édition de *Mal de Terre* est parue en avril 2003. Comment la situation a-t-elle évolué depuis ?

Cette postface veut tenter d'esquisser un bilan. Il se dégage du survol de ces dix-huit mois, que tout évolue très rapidement, beaucoup plus rapidement qu'on aurait pu le prévoir. Le négatif comme le positif.

Dans le lointain passé de l'humanité, rien ne bougeait vite. C'était à l'échelle de millénaires. À la fin du Moyen Âge, une accélération s'est fait sentir, d'abord à l'échelle de siècles puis, après la Seconde Guerre mondiale, à celle de décennies. Maintenant le phénomène se ressent d'une année à l'autre. Nous sommes dans une période critique. Impossible de prédire l'état de la planète d'ici un demi-siècle, ou moins.

Certains clignotants – ceux qui concernent la température, les émissions de gaz carbonique, les pollutions, l'épuisement des ressources naturelles, l'érosion de la biodiversité – passent progressivement du rouge au rouge vif. Simultanément les réactions des Terriens prennent de l'ampleur. Inimaginable il y a une trentaine d'années, la prise de conscience de la gravité de la situation se généralise. Des conférences internationales ont lieu. Des protestations s'élèvent, et, plus constructive, la volonté de protection dynamise le monde associatif et influence le monde politique. De nouvelles législations sont votées. Des initiatives se multiplient. Le recyclage des déchets progresse.

Les saccageurs de la planète marquent des points. Ses défenseurs aussi.

Pour garder le moral, annonçons d'abord une bonne nouvelle. Elle concerne la France mais pourrait, par la suite, s'étendre à d'autres pays. Il s'agit de l'adoption de la Charte de l'environnement votée au printemps 2004. Elle devrait bientôt acquérir une valeur constitutionnelle. Cette charte inclut le « principe de précaution » qui implique la recherche d'innovations respectueuses de l'environnement. On peut espérer que des dommages, comme ceux qui furent causés par l'amiante, pourront à l'avenir être évités.

Passons en revue les principaux problèmes pour dresser rapidement un premier constat de la situation. Ce seront plutôt des coups de projecteur qu'un bilan réel.

La température de la planète

L'augmentation de la température planétaire moyenne depuis le début de l'ère industrielle est évaluée à 0,8 °C. En France, elle est de 1 °C ; de 1,2 à 1,4 °C dans le sud du pays. L'année 2003 fut la plus chaude depuis le début des études sur le climat. Les effets du réchauffement se font sentir en maints endroits de la planète :

– les régions polaires sont particulièrement touchées. L'eau libre succède à la glace ;

– la fonte des glaciers s'accélère ; dans les Alpes françaises, le glacier de Sarennes a reculé de 3,10 m en 2003, alors que la perte était auparavant de 70 cm par an.

– la liste s'allonge des perturbations climatiques majeures qu'en toute vraisemblance, quoique sans certitude absolue, on peut imputer au réchauffement climatique. Les manifestations extrêmes sont de plus en plus fréquentes. Ces deux dernières années en apportent de dramatiques illustrations. En France, la canicule de 2003 a entraîné le décès d'environ 15 000 personnes (démentant ceux qui, comme Klaus Lomborg, affirmaient que la chaleur n'avait jamais tué personne). En 2004, les ouragans sont parmi les plus dévastateurs connus. L'augmentation de la température entraîne une pluviosité plus intense qui provoque des inondations de grande ampleur. C'est le cas en Chine par exemple, mais aussi en Amérique ou en France, pendant qu'en Australie la sécheresse grandit.

Toujours en 2003, la lutte contre la chaleur a engendré un boom de la vente des climatiseurs. Ces appareils rejettent vers l'extérieur beaucoup plus de calories qu'ils n'en retirent des voitures et des habitations – deuxième principe de la thermodynamique oblige… – contribuant ainsi à accroître le réchauffement de l'atmosphère.

En 2003, le gouvernement a dû relever la limite de température des eaux rejetées dans les fleuves par des centrales nucléaires. Que se passerait-il si le nombre de centrales augmentait alors que des canicules se répéteraient ? La vie aquatique s'accommoderait mal d'une augmentation de la température des cours d'eau.

Effet supplémentaire de la canicule : la pollution à l'ozone a battu tous les records depuis que les relevés existent.

Des nouvelles modélisations de plus en plus fiables prévoient un réchauffement planétaire moyen d'environ 3 °C, et plus encore en Europe…

Le gaz carbonique

C'est la cause principale de l'effet de serre. On constate néanmoins que la quantité de CO_2 émise continue à croître ; les années 2002 et 2003 battent tous les records.

Les accords de Kyoto seront ratifiés en février 2005. Ils ne visent pourtant qu'à réduire les émissions de 6 % en 2012. Loin des 60 % nécessaires à la stabilisation des climats.

La consommation moyenne des véhicules individuels (y compris les 4 × 4) est passée récemment de 10 litres aux cent kilomètres à 11 litres aux cent kilomètres. Tout le contraire de ce qu'il faudrait réaliser. Il faut maintenant privilégier le choix de voitures plus économes en énergie.

Le transport par camions est en augmentation alors que le ferroutage devrait lui être préféré. Pour une destination donnée, le billet d'avion coûte souvent moins cher que celui du train alors que l'avion produit beaucoup plus de CO_2.

En 2004, le ministre français de l'écologie a élaboré un plan « climat » dont une des dispositions les plus médiatisées vise à taxer les véhicules les plus polluants tout en incitant à l'achat des plus propres… Ce plan se heurte à de fortes résistances.

À mettre à l'actif des instances gouvernementales : la réduction de la vitesse des voitures qui épargne de nombreuses vies humaines.

Épuisement du pétrole

Depuis 2002, les compagnies pétrolières acceptent de reconnaître les limites des réserves de ce produit fossile… L'une d'elles admet que le taux de découverte de nouvelles sources diminue depuis plusieurs décennies. Un autre revoit à la baisse ses estimations de réserves existantes. Et l'on prévoit qu'entre 2010 et 2020 la demande dépassera l'offre et que le prix du pétrole grimpera inexorablement. S'en suivront d'importantes perturbations des économies dans tous les pays, surtout dans ceux qui n'auront mis en place aucune alternative.

La montée des prix en 2004 dans un contexte géopolitique défavorable est à la fois une mauvaise et une bonne nouvelle.

Mauvaise, surtout pour les utilisateurs de voitures tels les taxis et les transporteurs dans les pays pauvres.

Bonne, parce que les autres énergies dont les coûts semblaient trop élevés par rapport à celui du pétrole vont perdre ce handicap. Les biocarburants vont devenir une carte à jouer pour le monde agricole (leur culture devrait être exempte de pesticides leur donnant ainsi une image irréprochable). L'hydrogène peut aussi devenir un carburant d'avenir. Rappelons cependant que l'hydrogène sur la Terre n'est pas une source d'énergie primaire mais seulement un vecteur d'énergie.

Les énergies renouvelables

Ici les nouvelles sont bonnes. L'installation d'éoliennes progresse rapidement. À l'échelle mondiale les éoliennes fournissent l'équivalent de 40 réacteurs nucléaires (40 giga-watts) : huit fois plus qu'en 1995. L'idée reçue selon laquelle les énergies inépuisables ne pourraient avoir qu'un rôle d'appoint devient de moins en moins crédible. Ainsi l'Allemagne obtient déjà par ces moyens alternatifs plus de 10 % de ses besoins en électricité, et la Navarre 35 %. Selon une étude, les éoliennes *offshore* pourraient subvenir aux besoins énergétiques résidentiels de l'Europe d'ici 2020.

Des difficultés locales et des lenteurs administratives retardent leur installation en France. Mais les mentalités évoluent et l'espoir est permis. Les inconvénients de ces installations sont beaucoup moins graves que ceux des produits pétroliers ou du nucléaire. De toute façon : on ne peut avoir le beurre et l'argent du beurre.

Les pollutions

La situation empire :

– selon un rapport de l'Unicef (2003), plus de 1,6 million d'enfants meurent chaque année d'infections liées à l'eau polluée, la seule à laquelle ils ont accès ;

– en France, dans de nombreuses régions, l'eau du robinet ne mérite plus l'appellation d'eau potable : elle est déconseillée aux femmes enceintes et aux nourrissons.

Mais aussi quelques bonnes nouvelles :

– la proportion de plomb dans l'air a été divisée par trois depuis l'introduction de l'essence « sans plomb » pour les moteurs de voitures ;

– l'accord de Stockholm prévoyant la suppression de nombreux produits chimiques dont certains pesticides est entré en vigueur en 2004 ;

– l'Irlande diminue de 90 % l'utilisation des sacs plastique à usage unique. D'autres régions ont décidé leur élimination complète ;

– les habitants du Massachusetts réduisent de 90 % leurs déchets rejetés dans l'environnement ;

– dans une ville japonaise (Fukuoka), toute nouvelle construction doit se doter d'un système d'eau non potable pour utiliser à des fins domestiques l'eau de pluie et les eaux usées recyclées.

L'érosion de la biodiversité

Chapitre noir. La mise en œuvre de la Convention internationale des Nations unies sur la biodiversité rencontre de nombreuses difficultés. La destruction des espèces se poursuit à un rythme accéléré.

À la septième conférence internationale sur la biodiversité à Kuala Lumpur (Malaisie), en février 2004, la France a été mise au cinquième rang mondial en ce qui concerne le nombre d'espèces animales menacées, particulièrement en Guyane, en Nouvelle-Calédonie et à la Réunion.

Au rang des nouvelles plus encourageantes :

— la Chine veut mettre en place un réseau de réserves naturelles ;

— l'Islande semble vouloir ne plus perpétuer la chasse à la baleine ;

— le loup, réintroduit dans le parc de Yellowstone, aux États-Unis, joue un rôle majeur pour l'enrichissement de la biodiversité ;

— aux États-Unis, on restaure avec succès des marais salants sur la côte atlantique ;

— en Afrique, le Rwanda prend des mesures concrètes pour préserver la flore et la faune ;

— en France, les Pyrénéens fêtent l'ours qu'ils ne veulent pas le voir disparaître. Des communes toujours plus nombreuses veulent agir pour assurer un avenir à la nature sauvage ;

— Paris se dote d'une Charte de la biodiversité ;

— le Nord-Pas-de-Calais élabore une trame verte régionale pour assurer une continuité d'habitats favorables à la flore et à la faune… ;

— les associations de défense de la nature et de l'environnement se multiplient rapidement.

La population mondiale

Les taux de natalité continuent à baisser dans le monde, y compris dans les pays les plus pauvres. Les estimations ne dépassent plus guère un plafond de neuf milliards vers le milieu du siècle, suivi d'une baisse générale.

La pauvreté dans le monde

Les efforts des pays pauvres pour vendre leurs produits sur le marché international se heurtent à un obstacle de taille : les subventions des pays riches, à leurs agriculteurs. En 2003, une conférence de l'Organisation du commerce mondial (OMC) visant à résoudre ce problème se solde par un échec. Pourtant nul ne peut ignorer que le maintien des populations dans un état de pauvreté désespérante est un terreau pour le recrutement de kamikazes par les chefs terroristes. Les attentats à répétitions dans la bande de Gaza en sont de dramatiques exemples.

Une question fondamentale se pose d'une façon de plus en plus pressante : la crise planétaire contemporaine prendra-t-elle fin grâce à l'action déterminée des Terriens ou par leur disparition ? La balle est encore (mais pour combien de temps ?) dans notre camp.

HUBERT REEVES
www.hubertreeves.info
www.roc.asso.fr

Notes

Bibliographie générale

J.-M. PELT, *La Terre en héritage*, Paris, Fayard, 2000.

S. T. PIMM, *The World According to Pimm*, New York, Mc Graw Hill, 2001.

P. H. RAVEN, L. R. BERG, G. B. JOHNSON, *Environment*, Philadelphie, Saunders College Publishing, 1995.

V. SMIL, *Biology on the Global Scale. The Earth's Biosphere : Evolution, Dynamics and Change*, Cambridge (Mass.), MIT Press, 2002.

E. O. WILSON, *The Future of Life*, New York, Knopf, 2002 ; trad. fr., *L'Avenir de la vie*, Paris, Éditions du Seuil, coll. « Science ouverte », 2003.

Pour avoir les informations chiffrées les plus récentes, se reporter aux publications annuelles du World Watch Institute (*Vital Signs* et *The State of the Planet*) et au site www.worldwatch.org.

Pour des présentations simples et précises : collection « les enquêtes de Marie-Odile Monchicourt » (Paris, Platypus Press).

Prologue

1. Le « principe de précaution » défini par l'ONU en 1994 s'énonce ainsi : « Quand il y a risque de perturbations graves ou irréversibles, l'absence de certitudes scientifiques absolues ne doit pas servir de prétexte pour différer l'adoption de mesures. »

2. Prenons par exemple les alarmes concernant l'avenir de la biosphère. La prise de conscience de ce problème remonte au début des années 1960. Dans un livre

célèbre, *The Silent Spring*, Rachel Carson exprimait les plus vives inquiétudes face à l'utilisation massive d'un nouveau pesticide, le DDT, qui allait selon elle exterminer les oiseaux et empoisonner des millions de personnes.

En 1968, selon Lamont Cole, écologiste à l'université Cornell, la combustion des carburants fossiles allait réduire l'oxygène atmosphérique au point de rendre l'air irrespirable.

Dans son livre *The Population Bomb*, publié en 1968, Paul Erlich annonçait que le smog (pollution atmosphérique créée par la combustion du charbon) allait tuer des dizaines de milliers de personnes, que l'Inde allait subir des famines massives et qu'avant l'an 2000 les eaux des océans seraient toxiques et vides de poissons.

Ces catastrophes, fort heureusement, ne se sont pas produites telles qu'annoncées. Mais ces déclarations ont joué un rôle important pour la suite des événements. En partie grâce au livre de R. Carson, l'emploi du DDT a été largement interdit, même si ses effets sont encore présents (voir chapitre 3). Cole se trompait : brûler les carburants ne réduit pas l'oxygène de l'air, mais engendre l'effet de serre et réchauffe la planète. Son alerte a eu l'effet heureux de soulever cet autre problème, d'une extrême gravité. Les famines indiennes annoncées par P. Erlich ont été évitées grâce à la révolution verte, mais l'Inde, ayant doublé sa population, affronte le futur avec beaucoup moins de forêts et de terres arables. Les océans ne se sont pas vidés de leurs poissons à l'échelle décrite par P. Erlich. Mais de nombreuses espèces (voir chapitre 3) sont à ce point décimées aujourd'hui que leur pêche est interdite.

Les « alarmistes » se sont peut-être parfois trompés, ou ont exagéré les problèmes, mais ils ont joué un rôle important en donnant un signal d'alarme nécessaire.

3. L'étude des strates géologiques correspondantes montre des particules de suie qui laissent deviner des feux de forêts à l'échelle de la planète, responsables de la destruction de nombreuses espèces végétales, et suivis de nuages opaques de suie. La couche d'ozone a vraisemblablement été anéantie.

4. On soupçonne aujourd'hui des chutes météoritiques plus anciennes d'avoir provoqué les grandes exterminations antérieures. Voir Luann Becker, « Repeated blows (Did extraterrestrial collisions capable of causing widespread extinctions pound the earth not once, but twice – or even several times ?) », *Scientific American*, mars 2002, p. 63-69.

5. Pierre Le Hir, « La fonte des glaciers menace de nombreuses zones habitées », *Le Monde*, 26 juin 2002, p. 25.

« Le niveau global moyen de la mer s'est élevé de 10 à 25 centimètres au cours du XXᵉ siècle. » (*Science*, 26 octobre 2001, p. 840.)

Cécile Cabanes, Anny Cazenave et Christian Le Provost, « Sea level rise during past 40 years determined from satellite and in situ observations », *Science*, vol. 294, 26 octobre 2001, p. 840.

On observe une montée moyenne de 3,2 millimètres par an entre 1993 et 1998 (provoquée surtout par l'expansion thermique de l'eau, mais aussi par la fonte des glaces polaires). « The puzzle of global sea-level rise », B. C. Douglas et W. R. Peltier, *Physics Today*, mars 2002, p. 35.

Anthony A. Arendt, Keith A. Echelmeyer, William D. Harrison *et al.*, « Rapid wastage of Alaska glaciers and their contribution to rising sea level » (They [Alaska glaciers] form the largest glaciological contribution to rising sea level yet measured), *Science*, vol. 297, 19 juillet 2002, p. 382-385.

6. *Vital Signs*, 1999, p. 74.

Serge Planton et Pierre Bessemoulin, « Le climat s'emballe-t-il ? », *La Recherche*, n° 335, octobre 2000, p. 1-4.

7. Gian-Reto Walther, Eric Post, Peter Convey *et al.*, « Ecological responses to recent climate change », *Nature*, vol. 416, 28 mars 2002, p. 389-395.

Joseph Peñuelas et Iolanda Filella, « Responses to a warming world », *Science*, vol. 294, 26 octobre 2001, p. 793-795. C. D. Harwell *et al.*, « Climate warming and disease disks for terrestrial and marine biotas », *Science*, vol. 296, 21 juin 2002, p. 2158.

8. J. T. Houghton *et al.* (sous la dir. de), *The Scientific Basis*, Cambridge, Cambridge University Press, 2001. Voir le chapitre « Climate change 2001 ».

Le gouvernement américain a par la suite demandé à son Académie des Sciences de produire un rapport d'évaluation sur le changement climatique et, plus précisément, sur la fiabilité du rapport de l'IPCC (GIEC). Le comité scientifique de l'Académie des Sciences, composé d'une douzaine de météorologues et climatologues américains très réputés, confirme dans un rapport publié fin 2001 la fiabilité du GIEC.

9. Rapport du Programme des Nations unies pour l'environnement, « Global Environmental Outlook-3 (GEO-3) ». (Source : Virginia Gewin, « U. N. predicts long wait to repair environment », *Nature*, vol. 417, 30 mai 2002, p. 475.)

10. Selon une dépêche de l'AFP (17 décembre 2002) : « "2002 aura été la deuxième année la plus chaude depuis près d'un siècle et demi", ont estimé mardi les experts de l'Organisation météorologique mondiale (OMM). La température moyenne à la surface du globe en 2002 devrait dépasser de 0,5 °C

la normale calculée pour la période 1961-1990. L'an 1998 a été l'année la plus chaude depuis que les premiers relevés ont été mis en place en 1860. 2001 occupe la troisième place du palmarès.

La planète se réchauffe à un rythme accéléré : sa température moyenne a grimpé depuis 1976 à un rythme trois fois plus élevé que celui qui a prévalu sur un siècle. La hausse globale depuis 1900 atteint 0,6 °C. Les neuf années les plus chaudes ont été enregistrées après 1990. ».

11. John Reilly, Peter H. Stone, Chris E. Forest *et al.*, « Uncertainty and climate change assessments », *Science*, vol. 293, 20 juillet 2001, p. 430-433.

12. Allons-nous vers une nouvelle ère glaciaire ? Richard B. Alley, *The Two-Mile Time Machine : Ice Cores, Abrupt Climate Change, and our Future*, Princeton University Press, 2000.
Richard B. Alley, « On thickening ice ? », *Science*, vol. 295, 18 janvier 2002, p. 451-452.

13. Parmi les extrémophiles, on note des bactéries photosynthétiques, des invertébrés microscopiques, des champignons, des mousses, qui habitent les environnements froids et secs de l'Antarctique. Il y a aussi des microbes spécialisés qui vivent dans les cheminées volcaniques océaniques à des températures voisines du point d'ébullition de l'eau, et des organismes marins qui survivent à des pressions mille fois supérieures à la pression atmosphérique. D'autres organismes prospèrent à des altitudes bien supérieures à celle du mont Everest.

14. La Terre et Vénus contiennent à peu près la même quantité de carbone dans leurs couches superficielles. Sur notre planète, la quasi-totalité des atomes de carbone est séquestrée au fond des océans, incorporée dans les pierres sédimentaires (carbonates), tandis que l'atmosphère en possède une fraction infime (quelques millionièmes) sous forme de gaz carbonique. Sur Vénus, le carbone est, dans l'atmosphère (cent fois plus massive que la nôtre), sous forme de gaz carbonique.
Pourquoi cette différence ? À cause de la présence d'eau liquide à la surface terrestre. Le plancton des nappes océaniques transforme le CO_2 en sédiments marins. À l'inverse, en raison de sa température superficielle élevée (460 °C), Vénus ne possède pas d'eau liquide, et le carbone y reste dans l'atmosphère. Une dernière question se pose : pourquoi au départ les atmosphères des deux planètes ont-elles évolué de façon aussi différente ? Est-ce le fait que sur Vénus, plus proche du Soleil que la Terre, la chaleur solaire n'a pas permis l'apparition d'une nappe aquatique ? La question reste controversée.

15. Une étude publiée en 1992 montrait que le nombre moyen de spermatozoïdes dans le sperme humain avait diminué de 45 % entre 1940 et 1990 (R. Sharye et N. Shakkebaeck, *Lancet*, n° 341).
« Sperm counts dropping », *Vital Signs*, 1999, p. 148.
T. Colborn, D. Dumanoski et J. P. Meyers (sous la dir. de), *L'Homme en voie de disparition ?*, Paris, Terre vivante, 1998.
Parmi les facteurs imprévisibles qui pourraient accélérer la détérioration de la biosphère, il y a la possibilité de nouvelles guerres. Le développement des technologies leur donnera un pouvoir destructeur beaucoup plus vaste que dans le passé. Imaginez ce qu'auraient laissé derrière elles les guerres mondiales du XXᵉ siècle si les armes atomique, chimique et bactériologique avaient été plus largement utilisées.

16. Crispin Tickell, « Communicating climate change (requires leadership, agitation, and a catastrophe or two) », *Science*, vol. 297, 2 août 2002, p. 737.

Bibliographie

N. Hulot et le Comité de veille écologique, *Combien de catastrophes avant d'agir ?*, Paris, Éditions du Seuil, 2002.
B. Lomborg, *The Skeptical Environmentalist. Measuring the Real State of the World*, Cambridge (Mass.), Cambridge University Press, 2001.
P. H. Raven, « Science, sustainability and the human prospect », *Science*, 9 août 2002, p. 954.
V. Smil, (Mass.) *Biology on the Global Scale. The Earth's Biosphere : Evolution, Dynamics and Change*, Cambridge (Mass.), MIT Press, 2002.
E. O. Wilson, *The Future of Life*, New York, Knopf, 2002 ; trad. fr., Éditions du Seuil, coll. « Science ouverte », 2003.
E. O. Wilson, *Scientific American*, janvier 2002.

Site Internet

www.fnh.org (Fondation Nicolas Hulot).

1. Changement d'air, changement d'ère

1. C'est Jean-Baptiste Fourier, en 1824, qui a compris l'importance de l'effet de serre naturel pour le réchauffement de notre atmosphère. Un peu plus tard, craignant le retour d'une époque glaciaire, le chimiste suisse Nicolas-Théodore de Saussure imaginait que l'émission de CO_2 par d'immenses incendies puisse le retarder.

   Vers la fin du XIXe siècle, John Tyndall et Olaf Arrhenius découvraient le rôle du gaz carbonique et de la vapeur d'eau dans ce phénomène. Depuis, nous avons appris l'existence d'autres gaz à effet de serre (GES), comme le méthane (CH_4), le dioxyde d'azote (NO_2), et différentes variétés de chloro-fluorocarbures (CFC) produites par l'industrie humaine (le CCl_3F, appelé CFC-11, et le CCl_2F_2, appelé CFC-12).

   Par rapport au CO_2, la capacité d'absorption de chaleur par masse est la suivante : $CO_2 = 1$; $CH_4 = 70$; $NO_2 = 200$; ozone de basse altitude = 1 800 ; CFC-11 = 4 000 ; CFC-12 = 6 000.

   Aujourd'hui, l'atmosphère contient environ 800 milliards de tonnes (Gt) de CO_2, 3,4 Gt de méthane, 0,6 Gt de NO_2.

   Le temps de résidence dans l'atmosphère de ces gaz (temps après lequel ils disparaissent) est en moyenne de : $CO_2 = 120$ ans ; $CH_4 = 10$ ans ; $NO_2 = 150$ ans. Depuis 1900, il y a augmentation dans l'atmosphère de la concentration des GES : le CO_2 est passé de 280 à 370 (en 2001) parties par million – ppm – (en fraction de masse), le CH_4 de 0,8 à 1,72 ppm, le NO_2 de 0,29 à 0,31 ppm. (Source : « Carbon Emissions reaches new high », *Vital Signs*, 2001, p. 52.) Selon « Certainly warmer », *Journal of Climatology* (vol. 15, 2002, p. 3117), et *Science* (18 octobre 2002, p. 497), doubler la quantité de CO_2 au-dessus du niveau préindustriel (280 ppm) entraînerait, avec une crédibilité de 95 %, une augmentation d'au moins 1,6 °C.

2. Des études sur l'abondance isotopique de l'eau dans les cristaux de zircon montrent que l'eau a commencé à se condenser dès les premiers millions d'années de la Terre : *Geology*, n° 30, 2002, p. 351.

3. Ces dates sont contestées. C. Fedo et M. Whitehouse, « Premières traces de vie : le doute », *Science*, vol. 296, 2002, p. 1448.

4. James F. Kasting, « The rise of atmospheric oxygen », *Science*, vol. 293, 3 août 2001, p. 819.

   U. H. Wiechert, « Earth's Early Atmosphere », *Nature*, 20 décembre 2002, p. 2341.

   Le méthane aurait joué un rôle prédominant comme GES aux premiers temps de l'atmosphère. Les bactéries méthanogènes auraient séquestré le carbone en le minéralisant (minéralisation des matières organiques durant l'Archéen (3800-2500 Ma). L'atmosphère de Titan, satellite de Saturne, pourrait être considérée comme un prototype de l'atmosphère terrestre.

5. Les fluctuations de l'insolation dues aux variations de l'orbite terrestre sont trop faibles pour expliquer par elles-mêmes les écarts de plus de 5 °C entre les périodes chaudes et les périodes glaciaires. Elles sont l'élément déclencheur du cycle, et son effet se trouve amplifié par le comportement double de l'eau et du gaz carbonique. Le point principal est le suivant : l'eau froide peut dissoudre plus de gaz carbonique que l'eau chaude. Ainsi, quand la surface terrestre s'échauffe, le puits océanique devient moins performant et la température d'équilibre entre la source de CO_2 (les volcans) et le puits (l'océan) croît progressivement, augmentant à son tour la quantité de gaz carbonique. Notons que ces équilibres entre la température, le gaz carbonique et aussi le méthane, sont très lents à s'établir. Cette lenteur est à la racine de notre problème contemporain.

6. A. Berger et M. F. Loutre, « An exceptionally long interglacial ahead ? », *Science*, vol. 297, 23 août 2002.

7. Des sondages sur la température en profondeur confirment une augmentation de la chaleur durant les cinquante dernières années ; voir Hugo Beltrami *et al., Geophysial Res. Lett.*, 29, 8-1, 2002.
« Réchauffement global », *La Recherche*, n° 354, juin 2002, p. 8.
« Warming of the Southern Ocean Since the 1950's », S. T. Giles, *Science*, 15 février 2002, p. 1275
Vital Signs, 2001, p. 51.

8. Rasmus Benestad, « Don't blame it on the sunshine », *Physics World*, juillet 2001, p. 19.

9. « Carbon emissions reach new high », *Vital Signs*, 2002, p. 52.

10. La quantité annuelle de carbone émise par les carburants fossiles est passée de 2 GtC (milliards de tonnes de carbone) en 1955 à 6,5 GtC en 2001. À cela s'ajoutent les émissions dues à la déforestation et à l'agriculture pour un total de 9 GtC. Aujourd'hui les océans et la végétation n'absorbent que la moitié de ces rejets. Le reste s'accumule dans l'atmosphère et accroît l'effet de serre. À ce rythme, le CO_2 atmosphérique doublerait par rapport à sa valeur préindustrielle (620 Gt) d'ici à 2100.
Le gaz carbonique de notre atmosphère provient ultimement de l'érosion des pierres calcaires et des émissions volcaniques. Absorbé par les eaux océa-

niques, il est ensuite incorporé dans les carbonates qui se déposent au fond de l'océan. (Les molécules de CO_2 se dissolvent dans l'eau, servent de nourriture aux organismes planctoniques. Une petite fraction des carcasses carbonatées s'enfonce pour devenir des pierres calcaires.) Ainsi les atomes de carbone s'intègrent dans les mouvements de la croûte terrestre, qui le rejette ensuite dans l'atmosphère à nouveau par suite des activités érosives et volcaniques.

Dans le passé, il s'est maintenu dans l'atmosphère à des concentrations qui changent lentement au cours des âges. La végétation terrestre et marine absorbe et rejette du CO_2 (croissance des plantes et décomposition des plantes mortes). Un échange continuel s'effectue entre le CO_2 absorbé et celui rejeté par la vie. Un équilibre est atteint, qui est fonction de la température ambiante : l'eau chaude absorbe moins de gaz carbonique que l'eau froide. On voit à nouveau comment les variations de la température sont reliées aux variations du gaz carbonique.

(« Soot takes center Stage », *Science*, 27 septembre 2002, p. 2214.)

11. « Carbon sequestration by land plants cannot be relied on as a substitute for emissions reductions », *Geophysical Research Letters*, n° 29, 2001, p. 10. Voir aussi : « Carbon sinks », *Science*, 19 avril 2002 ; Dan Ferber, « Superweeds, and a sinking on carbon sinks », *Science*, vol. 293, 24 août 2001, p. 1425 ; Eric A. Davidson and Adam I. Hirsch, « Fertile forest experiments », *Nature*, vol. 411, 24 mai 2001, p. 431.
Jorge L. Sarminento et Nicolas Gruber, « Sinks for anthropogenic carbon », *Physics Today*, août 2002, p. 30-36.

12. Sallie W. Chisholm, Paul G. Falkowski et John J. Cullen, « Discrediting ocean fertilization », *Science*, vol. 294, 12 octobre 2001, p. 309. « Norway sinks ocean carbon study », *Nature*, septembre 2002, p. 6.
« The Oresmen : on fertilising the ocean », *Nature*, 9 janvier 2003, p. 109.
Virginia Gewin, « Ocean carbon study to quit Hawaii », *Nature*, vol. 417, 27 juin 2002, p. 888.
Selon Yves Lancelot, océanographe (communication personnelle), la meilleure solution consisterait à l'injecter en eau profonde.

13. Thomas M. Smith, Thomas R. Karl et Richard W. Reynolds, « How accurate are climate simulations », *Science*, vol. 296, 19 avril 2002, p. 483-484.
T. M. L. Wigley et S. C. B. Raper, « Interpretation of high projections for global-mean warming », *Science*, vol. 293, 20 juillet 2001, p. 451-454.

14. El Niño est un phénomène climatique, appelé aussi « oscillation australe », qui se produit environ tous les cinq ans dans l'océan Pacifique Sud. Du fait

d'un phénomène météorologique complexe, un courant chaud traverse le Pacifique d'ouest en est et atteint son maximum à la fin de l'année (Noël) sur les côtes sud-américaines, d'où son nom, donné par les pêcheurs péruviens (« le petit enfant »). En 1997, El Niño fut d'une ampleur exceptionnelle ; il engendra des pluies diluviennes en Amérique du Sud et une grande sécheresse en Indonésie, qui favorisa de gigantesques incendies. On s'est beaucoup interrogé sur le lien entre l'intensification du réchauffement de ce courant marin et le réchauffement de l'air. Il est encore trop tôt pour répondre avec certitude, mais cela n'est pas à exclure. En 1997, El Niño a provoqué la somme record de 32 milliards de dollars de dégâts. Depuis, les assureurs sont devenus les meilleurs défenseurs de l'action écologique !

15. C. Drew Harvell, Charles E. Mitchell, R. Jessica Word *et al.*, « Climate warming and disease risks for terrestrial and marine biota », *Science*, vol. 296, 21 juin 2002, p. 2158-2162.
    Jonathan A. Patz *et al.*, « Regional warming and malaria resurgence », *Nature*, vol. 420, 12 décembre 2002, p. 627-628.
    Étude du National Center for Ecological Analysis and Synthesis de Santa Barbara : « Un monde plus chaud mais aussi plus malade ».
    Plus d'un million de morts par an dus à la malaria. Un demi-milliard de personnes l'attrapent chaque année. (Source : « Malaria's lethal grip tightens », *Vital Signs*, 2001, p. 134.)
    Le changement climatique fait que les moustiques occupent maintenant en Afrique de nouvelles niches écologiques, en altitude notamment. On trouve des moustiques à plus de 2 500 mètres d'altitude dans des régions où cela n'était jamais arrivé. (Yves Lancelot, communication personnelle.)

16. La disparition des calottes polaires pourrait ralentir la circulation des courants marins, et modifier notamment le cours du Gulf Stream, qui tempère le climat européen. L'augmentation des pluies aux latitudes élevées a pour effet de réduire la salinité de l'eau océanique. Cela, ajouté au réchauffement, réduit la densité de l'eau polaire et ralentit son enfoncement au fond de la mer polaire, moteur de la courroie de convoyeur qui redistribue la chaleur solaire.
    Bob Dickson, Igor Yashayaev, Jens Meinke *et al.*, « Rapid freshening of the deep North Atlantic Ocean over the past four decades », *Nature*, vol. 416, 25 avril 2002, p. 832-836.
    Clark P. U. *et al.*, « The role of thermohaline circulation in abrupt climate change », *Nature*, 21 février 2002, p. 863.

17. Les régions de permafrost de l'hémisphère Nord contiennent 390 Gt de méthane séquestré dans la glace. La libération d'une fraction minime de ce

gaz pourrait avoir des effets catastrophiques sur l'augmentation de la température. Rappelons que, à concentration égale, le méthane contribue environ soixante-dix fois plus que le CO_2 au réchauffement planétaire.

Indigo A. Pecher, « Gas hydrates on the brink », *Nature*, vol. 420, 12 décembre 2002, p. 622-623.

Peter Clift et Karen Bice, « Baked Alaska – The warning of the Earth's climate more than 50 million years ago […] the heating of sediment in the Gulf of Alaska as an important source of the greenhouse gas methane », *Nature*, vol. 419, 12 septembre 2002, p.129-130.

www.bghrc.com/CentreNews/Newsletters/Alert6_Summer2002WEB.PDF.

18. James F. Kasting et Janet L. Siefert, « Live and the evolution of Earth's atmosphère », *Science*, vol. 296, 10 mai 2002, p. 1066-1067.

19. Des observations menées au Canada ont montré que l'épaisseur de la couche d'ozone s'était fortement réduite au-dessus de l'Arctique vers la fin des années 1990, surtout au début du printemps 1997.

20. Les CFC sont des chlorofluorocarbures. Une molécule particulièrement stable puisqu'elle contient deux atomes aptes à créer des liens puissants : le chlore et le fluor. Sa stabilité lui permet de réagir très faiblement avec les autres atomes. Ce qui fait sa force fait aussi sa faiblesse. Les molécules s'accumulent dans l'air et atteignent la haute atmosphère. Là, elles sont brisées par les rayons ultraviolets du Soleil. Les atomes de chlore libérés détruisent les molécules d'ozone. Chaque atome de chlore peut détruire des dizaines de milliers de molécules d'ozone.

Mais les CFC ne sont pas l'unique agent destructeur de la couche d'ozone. Le pire est le méthyle de brome, un pesticide très utilisé dans les pays en voie de développement et quarante fois plus dangereux que les CFC.

21. « CFC use declining », *Vital Signs*, 2002, p. 54.

Dick Thompson, « Patching the holes », *Time Magazine*, novembre 1997, p. 45.

« A brighter look for good ozone », *Science*, 6 septembre 2002, p. 1623.

Le rapport du troisième programme européen de recherche sur l'ozone (1996-2000), « Theseo », constate que des pertes importantes d'ozone ont encore été observées dans la région arctique au cours des cinq hivers les plus froids depuis 1993-1994 et que la couche protectrice d'ozone diminue également sur l'Europe, ce qui accroît la diffusion des rayons ultraviolets, aux effets nocifs pour l'homme (cancers de la peau, cataracte, etc.). Selon cette étude, la concentration des composés chlorés (CFC notamment) des aérosols et réfrigérateurs décroît certes lentement depuis le protocole de Montréal, mais les concentrations en brome continuent d'augmenter.

« Selon l'Organisation météorologique mondiale (OMM) l'état de la couche d'ozone au-dessus de l'Antarctique a été le plus petit et le moins profond observé depuis 1988. Ce phénomène varie en ampleur et durée d'une année sur l'autre. » (AFP, Genève, 17 décembre 2002.)
« Ozone depletion : an unwelcome return », *Nature*, 9 janvier 2003, p. 7.

22. La quantité de vapeur d'eau dans l'atmosphère a presque doublé depuis le début du XXe siècle. Les causes de cette augmentation ne sont pas bien connues, même si l'on soupçonne encore une fois l'activité humaine (accroissement de la température, brûlage de biomasse ?).
L'effet de cette augmentation de la vapeur d'eau affecte la température de deux façons différentes. D'une part, elle double la sensibilité du climat à l'augmentation des gaz à effet de serre, et donc elle est susceptible d'élever la température. D'autre part, elle forme une couverture nuageuse, qui reflète la lumière solaire et donc réduit la quantité de lumière arrivant au sol. En ce sens elle pourrait ralentir le réchauffement.
L'influence des nuages sur l'effet de serre est relativement mal compris – c'est une cause importante d'incertitudes pour les modèles d'atmosphères. Anthony D. Del Genio, « The dust settles on water vapor feedback », *Science*, vol. 296, 26 avril 2002, p. 665-666.

23. Une directive européenne exige de descendre le seuil d'alerte de 360 à 240 microgrammes d'ozone par mètre cube. La France doit le faire avant 2003. (Source : « Pics d'ozone [...] », *L'Express*, 27 juin 2002, p. 54.)

24. Le « nuage brun » au-dessus de l'océan Indien est un voile de 3 kilomètres d'épaisseur composé de suies d'aérosols et de polluants, qui ne cesse de s'agrandir. Il a été découvert en 1996. Il est étudié par des satellites, des ballons et des navires. (Source : « En Asie, un "nuage brun" qui modifie la mousson », Laure Noualhat, *Libération*, 12 août 2002, p. 14.)
Selon la revue *Science* (15 septembre 2002), les inondations dramatiques dans le sud de la Chine et la sécheresse intense dans le nord du pays sont dues au moins pour partie au « nuage brun » formé de particules de suie qui stagne sur la région, d'après une étude de l'agence spatiale américaine (Nasa).

Bibliographie

A. BERGER, *Le Climat de la Terre*, Bruxelles, De Boeckuniversité, 1992.
M.-L. CHANIN, *European Review*, vol. 4, n° 2, p. 1.

F. GASSMANN, *Effet de serre. Modèles et réalités*, Genève, Georg/SPE, coll.
« Précis de l'environnement », 1996.
C. VILLENEUVE et F. RICHARD, *Vivre les changements climatiques*, Sainte-Foy
(Québec), MultiMondes, 2002.
O. E. ALLEN, *L'Atmosphère*, Amsterdam, Time-Life, 1983.

Sites Internet

www.effet-de-serre.gouv.fr (site officiel de la Mission interministérielle de l'effet
de serre, France).
www.climatechange.gc.ca (changement climatique du gouvernement du Canada,
in site du Canada [Agir contre les changements climatiques, Ensemble on
peut y arriver]).
www.meteo.fr/meteonet (site de Météo France).
www.pmel.noaa.gov/tao/elnino/nino-home.html (accès aux informations sur
El Niño, sur le site de la National Oceanic & Atmospheric Administration
[NOAA], US Department of Commerce).
www.ademe.fr/htdocs/retad00.htm (site de l'Agence de l'environnement et de la
maîtrise de l'énergie, France).

2. Quelles énergies pour demain ?

1. D. H. Meadows, D. L. Meadows, W. W. Behrens III et J. Renders, *The Limits
of Growth*, New York, Universe Books, 1972.
D. H. Meadows, D. L. Meadows et J. Renders, *Beyond the Limits*, Post Mills,
Chelsea Green Pub. Co., 1992.

2. Signalons le contrat passé entre le CNRS et Peugeot-Citroën pour la mise au
point de véhicules non polluants aussi performants que les automobiles classiques. Ainsi que le développement des piles à combustible automobiles qui
économisent le carburant et réduisent les émissions polluantes. (Source : *Le
Journal du CNRS*, octobre 2001.)
On a beaucoup vanté le moteur Diesel qui produit 6 % de CO_2 en moins par
kilomètre par rapport au moteur habituel à essence, en omettant de dire par
ailleurs qu'il produit de vingt-cinq à quatre cents fois plus de suie, un agent
de réchauffement beaucoup plus puissant que le CO_2.
« Diesel's dirty green surprise », *New Scientist*, 2 novembre 2002, p. 9.

3. Le thorium peut aussi être brûlé dans des réacteurs à neutrons lents. Mais ses
propriétés imposent l'utilisation du deutérium comme ralentisseur (type cana-

dien Candu), facilement utilisable dans la fabrication des armes atomiques. D'où le rejet politique de ce type de réacteurs. (Yves Nifenaker, communication personnelle.)

4. Un organisme britannique, The Oil Depletion Analysis Center (odac@btconnect.com), présente des études détaillées de toutes les réserves potentielles de la planète, même celles difficilement accessibles aujourd'hui (sous-marines, polaires, goudrons, etc.). Selon ses conclusions, la production d'hydrocarbures conventionnels (pétrole et gaz) va commencer à décroître entre 2010 et 2020, ce qui laisse prévoir un épuisement avant la fin du XXIe siècle. Les réserves totales se situent entre 2 000 et 4 000 milliards de barils.

   « "Global oil and gas depletion" : an overview », R.W. Bentley, *Energy Policy*, n° 30, 2002, p. 189.

   www.elsevier.com/locate/enpol

   Selon l'article « Advanced technology… » (voir bibliographie *infra*), le pétrole accessible correspond à 1 200 TW-an, le gaz naturel à 1 200 TW-an et le charbon à 4 800 TW. Divisez par 12 TW (consommation actuelle) ou par 24 TW (consommation prévue pour 2050) pour estimer la date d'épuisement…

   K. S. Deffeyes, *Hubbert's peak : The Impending World Oil Shortage*, Princeton University Press, 2001 (*Scientific American*, octobre 2001).

5. Un rapport établi conjointement par l'Agence pour l'énergie nucléaire (AEN, organe de l'OCDE) et par l'Agence internationale de l'énergie atomique (AIEA), publié en 1999, affirme que les ressources d'uranium récupérables à coût modéré s'élèvent à 4 millions de tonnes.

   Des estimations plus élevées sont implicites dans l'article « Advanced technology… » (voir bibliographie *infra*). La fourchette estimée est de 4 à 17 millions de tonnes, soit de 60 à 300 TW-an. Ici aussi, divisez par 12 TW (consommation actuelle) ou 24 TW (consommation prévue pour 2050) pour estimer la date d'épuisement… Selon *Les Rendez-vous du CEA*, n° 93, 2002, p. 16, la filière uranium à neutrons lents représente une réserve énergétique de 170 Gtep (milliards de tonnes équivalent pétrole), alors que la consommation mondiale actuelle est de 10 Gtep par an.

6. La masse de l'océan est d'environ 10^{18} tonnes, et dans celui-ci la masse de l'uranium océanique (3 grammes par millier de tonnes d'eau) est de 3 milliards de tonnes (3Gt). Pour obtenir la puissance énergétique mondiale annuelle actuelle (12 TW), il faudrait traiter 6 millions de tonnes d'eau par seconde, soit l'équivalent du débit de l'ensemble des fleuves terrestres vers les océans, ou encore 3 000 fois le débit du Rhône (1 700 m^3 par seconde).

« Proceedings of the Fourth International Offshore and Polar Ingeniering Conference, Osaka », 10-15 avril 1994.

7. Le principe du réacteur nucléaire est le suivant. On y dispose plusieurs tonnes d'uranium. Ses atomes se désintègrent en émettant des neutrons. Ces neutrons sont capturés par d'autres atomes d'uranium qui se désintègrent eux-mêmes en produisant d'autres neutrons. Ces réactions en chaîne dégagent de l'énergie, que l'on récupère sous forme de chaleur pour la transformer ensuite en électricité.

Deux variétés d'uranium sont présentes sur la Terre : l'uranium-238, majoritaire à 99,3 %, et l'uranium-235 (0,7 %). Les réacteurs contemporains à neutrons lents n'utilisent que ce dernier. Les réacteurs à neutrons rapides emploient les deux variétés. Le plutonium-239 provient de l'absorption d'un neutron par un uranium-238. Tout comme l'uranium-235, il a servi à faire des bombes atomiques.

Un réacteur nucléaire produit environ 20 tonnes de déchets par année, dont environ 200 kilos de plutonium. Pour l'ensemble du parc nucléaire contemporain (environ cinq cents réacteurs), la production annuelle de déchets est de 10 000 tonnes, dont 100 de plutonium.

Notons que, pour que l'énergie nucléaire contribue d'une façon majeure à satisfaire la demande énergétique mondiale, il faudrait multiplier le nombre de réacteurs par vingt. La quantité de déchets atteindrait alors 200 000 tonnes par an, dont 2 000 de plutonium.

8. L'optimisme des tenants du nucléaire est parfois désarmant. Voici tels quels les propos de Richard Garwin, l'un des grands spécialistes mondiaux des problèmes du nucléaire : « Nuclear-weapons proliferation is a grave risk [...] attached to deposition of nuclear waste in geological repository for effectively 100 000 years... It will take constant and vigilant support by the United Nations International Energy Commission to insure that plutonium is not diverted to military purposes. » (Source : Richard L. Garwin, « The Atom Option », *Newsweek*, 8-15 avril 2002, p. 70-71.) « Vaste programme », aurait dit le général de Gaulle !

9. Les surgénérateurs sont des réacteurs à neutrons rapides qui ont, sur les réacteurs communément en service, l'avantage de pouvoir utiliser comme source d'énergie tout l'uranium naturel (U-235 et U-238), ce qui augmente plus de cent fois les réserves potentielles – celles-ci pourraient durer dès lors encore plusieurs milliers d'années. Les températures élevées auxquelles travaillent les surgénérateurs (plus de 500 °C) sont la source potentielle de nombreux problèmes, qui les ont rendus extrêmement impopulaires, et qui ont amené la fermeture de leur

prototype français (Super-Phénix). Aux États-Unis, ils sont, à ce jour, interdits en raison des problèmes de déchets et de prolifération nucléaire.

Quelques pays continuent dans cette voie (la France, la Russie, le Japon...) en comptant sur des innovations intéressantes. Les spécialistes sont sceptiques... Les investissements nécessaires pour rendre ces instruments sûrs seraient considérables. Et il faudrait regagner la confiance des gens. Ce qui n'est pas une mince affaire...

10. La solution des accélérateurs-réacteurs (rubbiatrons) semble plus prometteuse. Il s'agit de bombarder les atomes lourds radioactifs (d'uranium, de plutonium et aussi de thorium) avec des flux de protons rapides pour en extraire des neutrons qui provoquent la fission des atomes lourds, ce qui dégage de l'énergie.

Plusieurs laboratoires y travaillent activement et pourraient être opérationnels d'ici à une trentaine d'années. Cette solution aurait le double avantage de détruire les noyaux de longue durée comme le plutonium-239 (sa longévité est la plus grande) et de dégager de l'énergie. Mais elle ne réglera pas le problème des noyaux de moyenne durée (qui resteront actifs pendant plusieurs siècles), car ils nécessiteront à leur tour un stockage stable (certes de beaucoup moins longue durée).

11. Les problèmes des pays qui, telle la France, retraitent leurs déchets seront certainement moins graves puisque le volume des déchets à stocker est moins important et qu'on prévoit la possibilité de transmuter les plus longues périodes radioactives. Mais, selon la Commission française du développement durable, « la quantité de déchets dangereux n'est que faiblement diminuée par l'opération ».

Ces pays n'échapperont pas à la nécessité de les enfouir pendant des siècles, avec toutes les difficultés et les aléas que rencontrent aujourd'hui les États-Unis.

L'Angleterre n'échappe pas à des problèmes analogues (David Adam, « Public body appointed to clean up UK's nuclear legacy », *Nature*, vol. 418, 11 juillet 2002, p. 117).

12. Les usines de retraitement rejettent dans l'environnement des effluents radioactifs liquides et gazeux. En effectuant une étude pour les services de santé de la ville d'Avignon, la Commission de recherche et d'information indépendante sur la radioactivité (CRII-Rad) a détecté un accroissement de la radioactivité dans l'air et dans l'eau. Des émissions semblables ont été détectées dans la mer du Nord. La Norvège a déjà protesté officiellement (*New Scientist*, 25 août 2001).

« Nous constatons dans les calculs que nous faisons [...] que les radionucléides risquent d'avoir un impact à l'échelle de 500 000 ans. Ce n'est ni le plutonium ni les actinides, mais l'iode-129 et le chlore-36, [...] se déplaçant assez vite dans l'environnement pour des raisons chimiques diverses, qu'on imagine pouvoir apparaître à 500 000 ans à l'aval, les autres ne bougeant pas. » (*AFAS Science*, n° 2002-2, revue de l'Association française pour l'avancement des sciences, « Déchets nucléaires : comment les gérer », p. 18.)

13. Par exemple, le coût total de la mise à l'arrêt définitif de Super-Phénix est estimé à 2,4 milliards d'euros.

14. *Tchernobyl, conséquence sur l'environnement et la santé*, Paris, Ecodif, 1996.
CRII-Rad et A. Paris, *Contaminations radioactives. Atlas France et Europe*, Paris, Yves Michel Éditions, 2002.
« Chernobyl : an overlooked aspect », *Science*, 3 janvier 2002, p. 44.
André Aurengo, « Tchernobyl : quelles conséquences sanitaires ? », *Le Jaune et le Rouge*, n° 569, novembre 2001, p. 1-15.

15. « C'est l'une des principales causes d'inquiétude de la Direction de la sûreté des installations nucléaires (DSIN). Les trois quarts des incidents sont en effet dus à des négligences et des oublis. Ils sont d'autant plus nombreux qu'EDF emploie des entreprises sous-traitantes où les salariés sont moins bien formés à la radioprotection et aux exigences de la sécurité. » (Source : Jean-Marc Biais et Françoise Monier, « Nucléaire : la désunion européenne », *L'Express*, 25 mars 1999, p. 68.)

16. James A. Lake, Ralph G. Benett et John F. Kotek, « Nuclear Power », *Scientific American*, janvier 2002, p. 71-79.
À la suite de l'effondrement de l'Union soviétique, 1 200 tonnes d'uranium hautement enrichi se sont trouvées en situation de vulnérabilité, pouvant être volées par des groupes terroristes ou des gouvernements désireux de développer des armes nucléaires. Plusieurs programmes coopératifs financés par les États-Unis ont réduit le risque de vol de ces matériaux nucléaires. Cependant, il reste beaucoup à faire et l'Europe, qui possède expertise et ressources, devrait jouer un rôle plus grand dans le traitement de ce problème. *Euroscience News*, n° 21, automne 2002 (www.euroscience.org).

17. À propos du coût du kWh nucléaire, voici quelques textes représentatifs, tous écrits par des spécialistes. Allez vous faire une idée !
D'abord les représentants officiels de l'énergie nucléaire.
– Jacques Bouchard : « Ces études [les études du ministère de l'Industrie et

le rapport de MM. Charpin, Dessus, Pellat] montrent que le kWh nucléaire reste le moins coûteux [...]. » (J. Bouchard, « Cesser les querelles inutiles à propos du nucléaire », *Le Monde*, 11 avril 2002, p. 20.)
– Claude Mandil (ministère de l'Industrie) : « Le prix du kWh nucléaire est inférieur (0,65 %) à celui du kWh charbon. Ce prix intègre toutes les composantes du coût, de la construction des centrales jusqu'à leur démantèlement en passant par leur exploitation (stockage des déchets et sûreté). » (*L'Énergie nucléaire en 110 questions*, sous la dir. de C. Mandil, Paris, Le Cherche-Midi éditeur, 1996, p. 17.)
Puis les autres...
– Amory Lowins, fondateur du Rocky Mountain Institute, un organisme américain de recherche et de conseil en énergie (www.rmi.org) : « L'énergie nucléaire s'est révélée beaucoup plus coûteuse que prévu ; bien plus coûteuse en réalité que tous les autres modes de production d'électricité. Les gouvernements feraient mieux de respecter la loi du marché au lieu d'avantager cette technologie aux frais du contribuable. »
– Bruno Barillot : « Le prix du kWh est le moins cher en Europe si on oublie de prendre en compte les coûts cachés qui sont payés par tous les Français, même s'ils ne figurent pas sur la facture EDF. Les coûts du démantèlement ont toujours été sous-évalués par les producteurs d'électricité, et le coût total de la gestion des déchets reste inconnu. Demain, nous et nos descendants continuerons à payer ces kWh nucléaires déjà consommés. » (*Un demi-siècle de pouvoir nucléaire*, Lyon, Damoclès, 1999.)
– *Scientific American*, janvier 2002 : « Loin de donner de l'énergie à un prix négligeable, les réacteurs ont été l'option énergétique la plus coûteuse. Pour être économiquement intéressants, les nouveaux projets devraient coûter moins de 1 000 dollars par kW électrique. Certains projets coûteront trois fois ce prix. »
– « Personne n'a la moindre idée des coûts que l'industrie nucléaire a entraînés, et des dépenses qu'exigeront le démantèlement des réacteurs et la gestion des déchets nucléaires. » (Source : *New Scientist*, 25 août 2001, p. 3. Cité dans la revue de presse scientifique du CERN, *Picked Up For You*, 2001-2015, p. 4.)

18. Une émission intitulée *Les Dessous de Tchernobyl*, diffusée sur la chaîne M6, reconstituait documents à l'appui le déroulement de ces semaines de cachotteries organisées par les autorités scientifiques et gouvernementales.

19. On peut mentionner à ce sujet les différences dans les estimations des rejets radioactifs autour des centrales. Celles des instituts liés au nucléaire sont sys-

tématiquement et parfois grandement inférieures à celles des instituts privés (CRII-Rad, etc.).

20. www.liberation.fr/page.php?Article=67859

21. *Libération*, 8 décembre 2002.

22. Dominique Gallois, « Le choix de l'énergie nucléaire », *Le Monde*, 14 avril 2002, p. 17.
Marc Nexon, « Le retour en grâce du nucléaire », *Le Point*, 31 mai 2002, p. 84-87.
« Nuclear revival ? Even the safest reactors will still make accountants sweat », *New Scientist*, 25 août 2001, p. 3 (éditorial). (Source : revue de presse scientifique du CERN, *Picked Up For You*, 2001-2015, p. 4.)
« Is nuclear power ready ? » (éditorial), *Scientific American*, janvier 2002.
« Vers une quatrième génération de réacteurs », *Les Défis du CEA*, septembre 2002, p. 12.
James A. Lake, Ralph G. Benett et John F. Kotek, « Nuclear power », *Scientific American*, janvier 2002, p. 71-79.
« Revisiting nuclear power safety plant », *Science*, 10 janvier 2003, p. 201.
Martin Durrani, « New design on nuclear energy », *Physics World*, juillet 2002, p. 42.

23. « Dans le nucléaire, Areva est présente dans le monde entier, notamment au Japon, au Brésil, en Chine, où l'entreprise projette de construire quatre nouveaux réacteurs, et aux États-Unis, où elle est en course pour bâtir deux réacteurs d'ici à 2010 et prolonger la durée de vie de 103 centrales. » (Éric Favereau, « Areva, géant nucléaire mondial », *Libération*, 20 mai 2002, p. 14.)

24. « Wind energy growth continues », *Vital Signs*, 2001, p. 44.
Une éolienne de 1 000 kW, dans des conditions normales, évite un rejet annuel équivalent à 2 000 tonnes de dioxyde de carbone émises par les centrales au charbon. (Source : *Scientific American*, mars 2002.)
Mark Fischetti, « Windmills », *Scientific American*, juillet 2002, p. 70-71.
W. Williams, « Blowing out to sea », *Scientific American*, mars 2002.
Voici un lien pour les éoliennes et les oiseaux :
http://perso.wanadoo.fr/abies.be/Suivi%20PIN%201997.pdf

25. L'Union européenne veut donner un coup de pouce aux biocarburants. Les champs de colza devraient éclabousser encore davantage de jaune les campagnes dans les années à venir.

NOTES DU CHAPITRE 2, PAGE 94

26. « Solar power market surge », *Vital Signs*, 2001.

Pierre Bec, « Le soleil en batteries – Énergie renouvelable : à l'initiative du Genec, un réseau européen se met en place pour explorer les différentes technologies de stockage de l'énergie solaire », *Les Défis du CEA*, mai-juin 2002, p. 33.

William Hoagland, « L'énergie solaire », *Pour la science*, n° 217, novembre 1995, p. 138-160.

Le système des panneaux solaires repose sur l'effet photovoltaïque découvert par Edmond Becquerel en 1839. Quand des photons heurtent certains matériaux, comme le silicium, ils communiquent leur énergie à des électrons qui circulent dans le métal et peuvent engendrer des différences de potentiel. Utilisés en 1958 par le satellite spatial Vanguard 1, ces panneaux solaires ont suscité un grand espoir, mais aussi des déceptions à cause des difficultés techniques. Malgré les progrès importants de ces vingt dernières années (rendement en certains cas supérieur à 30 %), le coût d'installation reste toujours élevé par rapport au rendement. De nombreux progrès technologiques seront encore nécessaires.

M. D. Archer et H. Hill, *Clean Electricity from Photovoltaics*, Londres, Imperial College Press, 2001.

Selon Stéphanie Bellin, « Du silicium à moitié prix ? » (*Le Journal du CNRS*, juillet-août 2002, p. 13), l'industrie photovoltaïque pourrait bientôt fournir des cellules de silicium monocristallins deux fois moins chères que celles produites actuellement (alaugier@insa-lyon.fr).

27. Au Japon, plus de 25 000 maisons solaires ont été construites en 2002 et plus de 100 000 systèmes ont été installés depuis 1994. Le gouvernement fédéral du Canada vient également d'annoncer qu'il allait investir 1 025 000 dollars dans un projet de conception et de construction d'habitations pourvues d'un système d'énergie solaire. Il s'agira d'installer des panneaux solaires capables de produire 45 kilowatts d'électricité pour huit à dix maisons neuves.

28. Le ministère de l'Industrie australien a dévoilé le premier projet au monde de tour solaire, haute de 1 000 mètres et pouvant produire suffisamment d'électricité (200 MW) pour alimenter une ville de 200 000 habitants. (Source : agence Reuters.)

29. Pierre Barthélémy, « Dans quarante ans, l'électricité pourrait venir de l'espace », *Le Monde*, 4 août 2001, p. 7.

Des scientifiques japonais projettent de mettre en orbite un ensemble de panneaux solaires couvrant chacun une surface de plusieurs kilomètres carrés. Ces panneaux en orbite géostationnaire (à une altitude de 40 000 kilomètres) renverraient au sol sous forme de rayonnement micro-ondes une énergie correspondant à plusieurs réacteurs nucléaires. Un prototype a été présenté à Kyoto. Ces panneaux pourraient être opérationnels en 2040. Inconvénient : ces sources lumineuses constitueraient des lumières parasites qui encombreraient l'astronomie millimétrique (Dennis Normile, « Japan looks for bright answers to energy needs », *Science*, vol. 294, 9 novembre 2001, p. 1273).

30. Aujourd'hui, quarante millions de tonnes d'hydrogène sont produites commercialement dans le monde chaque année, un peu plus de 1 % de la demande mondiale en énergie (*Nature*, 13 décembre 2001).
(americanhistory.si.edu/csr/fuelcells/index.htm)
Mark Schrope, « Which way to energy utopia ? (hydrogen power) », *Nature*, vol. 414, 13 décembre 2001, p. 682.
« Hydrogen production from biomass-derived molecules (glucose et glycerol) marks progress toward this goal. » (Source : Esteban Chornet et Stefan Cernik, « Harnessing hydrogen », *Nature*, vol. 418, 29 août 2002, p. 928.)

31. Selon France énergie éolienne, la puissance éolienne installée totalise actuellement 131 MW en France, lanterne rouge des grands pays de l'UE. Elle atteint 10 650 MW en Allemagne, 4 079 MW en Espagne et 2 515 MW au Danemark.
La France va-t-elle remettre en cause son soutien aux éoliennes ? Argument invoqué : l'éolien induit un surcoût excessif au regard du nucléaire et du gaz. Toujours le court terme… (Mathieu Nowak, « Éolien : un rapport en trompe-l'œil », *La Recherche*, n° 351, mars 2002, p. 57).

32. Toni Feder, « Stellarator fusion gets a new look », *Physics Today*, juin 2002, p. 21-22.
Robert Matthews, « Stellar breakthroughs », *World Link*, mars-avril 2002, p. 7-9.
« Fusion nucléaire : une énergie pour le futur », *Les Défis du CEA*, septembre 2002, p. 14.
Star Power : www.fusion.org.uk
www.ofe.er.doe.gov

33. La recherche nécessaire au développement des énergies nucléaires implique le recours à des dépenses massives… Pour les énergies renouvelables, la bonne approche est celle des primes à la valeur de l'électricité produite de cette façon.
P.-R. Bauquis, « Un point de vue sur les besoins et les approvisionnements en énergie à l'horizon 2050 », *Revue de l'énergie*, Paris, 1999 (pr-bauquis@hotmail.com).

34. En 2001, le montant des subventions dédiées aux énergies renouvelables (Ademe et CEA) a été de 40 millions d'euros, tandis que les subventions publiques allouées au nucléaire civil (CEA) en 2000 furent de 423 millions d'euros (Jacques Bouchard, directeur du CEA, communication personnelle). De plus, selon *Libération* (19 novembre 2002, p. 21), les moyens de l'Ademe devraient diminuer de 34,5 % en 2003.

Bibliographie

ACADÉMIE DES SCIENCES, *Énergies et Climats*, Comptes rendus, Paris, Elsevier, 30 novembre 2001.

J.-L. BOBIN, C. STÉPHAN et H. NIFENAKER, *L'Énergie dans le monde : bilan et perspectives*, Les Ulis, EDP Sciences, 2002.

P. BONCHE (sous la dir. de), J.-M. CAVEDON, E. KLEIN, P. LECONTE, S. LERAY et R. LUCAS, *Le Nucléaire expliqué par des physiciens*, Les Ulis, EDP Sciences, 2002.

M. I. OFFERT, « Advanced technology paths to global climate stability : energy for a greenhouse planet », *Science*, 1er novembre 2002.

A. SIMON, M.-O. MONDRICOURT et J. PIECHOWSKI, *Que faire des déchets nucléaires ?*, Paris, Platypus Press, 2001.

B. DESSUS, *Énergie, un défi planétaire*, Paris, Belin, 1996.

I. FELLS, « The need for energy », *Europhysics News*, novembre 1998.

R. L. GARWIN et G. CHARPAK, *Megawatts and Megatons*, New York, Knopf, 2001.

J. GOLDENBERG (sous la dir. de), *World Energy Assesment*, New York, ONU, 2001.

P. HOFMAN, *Tomorrow's Energy : Hydrogen, Fuel Cells and the Prospects for a Cleaner Planet*, Cambridge (Mass.), MIT Press, 2001.

« Energy challenges for the 21st century », *Physics World*, juillet 2002.

« The future of energy », *Newsweek*, numéro spécial, 15 avril 2002.

Physics World, novembre 2001.

« Énergie », *Science et Vie*, hors-série, mars 2001.

Sites Internet

www.nea.fr (Agence pour l'énergie nucléaire, OCDE).

www.francenuc.org (la France nucléaire, matières et sites ; il semblerait qu'il s'agisse d'un site islandais).

www.worldwatch.org

www.chernobyl.co.uk et www.chernobyl.com (sites anglais exclusivement consacrés à Tchernobyl).

3. Qu'est-ce qu'on va manger ce soir ?

1. « The end of world population growth », *Nature*, vol. 412, 2 août 2001, p. 543-545. (Source : revue de presse scientifique du CERN, *Picked Up For You*, 2001-2015.)
   Voir aussi : Nico Keilman, « Uncertain population forecasts », *Nature*, vol. 412, 2 août 2001, p. 490-491 ; « Population growing steadily », *Vital Signs*, 2002, p. 88.

2. « World grain harvests lagging behind demand », Worldwatch Institute, *Vital Signs*, 2002, p. 26.
   « Grain area declines », *Vital Signs*, 1999, p. 42.
   « Farmland quality deteriorating », *Vital Signs*, 2002, p. 102.
   David S. Reay, « Intensive farming, US-style, is not sustainable worldwide – more greenhouse gases will increase loss of usable land », *Nature*, vol. 417, 2 mai 2002, p. 15.

3. Peter Raven, *Nature*, 31 août 2001.

4. « The other global polluant : nitrogen proves tough to curb », *Science*, vol. 294, 9 novembre 2001, p. 1268.

5. « Pesticides sales remain strong », *Vital Signs*, 2002, p. 126.

6. Les populations natives de l'Arctique, notamment les Inuits, sont menacées par la présence croissante de toxines d'origine humaine dans une région jusque-là relativement épargnée par la pollution, révèle une étude publiée par le Programme de contrôle et d'évaluation de l'Arctique (AMAP). (Source : AFP, octobre 2002.)

7. Direction de la santé de la Commission européenne ; Comité de la prévention et de la précaution (CPP), pour la Direction générale de la consommation, de la concurrence et de la répression des fraudes.

8. Hors-série « La mer », *La Recherche*, n° 355, juillet-août 2002.
   Les prises mondiales de poisson étaient de cinq millions de tonnes par an à la fin du XIXᵉ siècle. Elles ont atteint quatre-vingt-six millions de tonnes à la fin des années 1990.
   « Fisheries falter », *Vital Signs*, 1999, p. 36.
   « Low stocks prompt call for North Atlantic fishing ban », *Nature*, octobre 2002, p. 866.
   On en arrive maintenant à exploiter les trois grandes sources de protéines marines encore abondantes : les crevettes antarctiques, les calmars des grands océans et les organismes des grandes profondeurs.

Dix ans après la suspension de la pêche au cabillaud, les stocks ne sont pas encore reconstitués dans les eaux canadiennes (*Libération*, 20 décembre 2002, p. 6).

« How many more fish in the sea ? », *Nature*, 17 octobre 2002, p. 662.

9. « Freshwater species at increasing risks », *Vital Signs*, 2002, p. 106.

10. « Aquaculture production intensifies », *Vital Signs*, 2002, p. 24.
L'élevage, qui représente 30 % des pêches, se fait en grande partie avec des céréales… Il n'ajoute donc pas grand-chose à la production de nourriture !

11. « La ruée vers l'eau », *Le Monde diplomatique*, septembre-octobre 2002.
Rappelons que l'eau est un élément essentiel à la vie. Nous en possédons sur terre sous trois formes : gazeuse (vapeur d'eau), liquide et solide (glace). Distinguons ensuite l'eau salée des mers et des océans (qui représente plus de 97 % de l'eau liquide) de l'eau douce, utilisable par l'homme. La plupart de cette eau douce est prisonnière des glaciers, notamment dans le continent antarctique (2,15 %), l'eau de surface ne représente que 0,015 % et les eaux souterraines 0,635 %, soit l'énorme majorité de l'eau douce accessible. L'eau douce buvable représente donc environ 2,5 % de l'eau planétaire et moins de 1 % de cette eau est accessible.

12. Cette étude suggère des programmes publics d'économie de l'eau, des mesures d'incitation à l'intention des agriculteurs visant à moderniser leurs systèmes d'irrigation, et une forte participation du secteur privé.
The International Programme for Technology & Research in Irrigation & Drainage : Food and Agriculture of the Unided Nations (FAO).
www.fao.org/iptrid/kn_syn_04/kn_syn_04.htm

13. Les rejets de nitrates dans le milieu marin (*via* les cours d'eau) ont presque doublé en France depuis 1985, alors qu'ils auraient dû être réduits de moitié selon les conventions internationales de protection du milieu marin. Cette étude est publiée par l'Institut français de l'environnement dans *Données de l'environnement*, janvier 2002 (www.ifen.fr).
« Towards lake eutrophication, from phosphates and detergents », *Science*, 27 septembre 2002, p. 220.

14. www.lemonde.fr/article/0,5987,3228--263565-,00.html (*Le Monde*, « Nouvelle critique sur la gestion de l'eau en Bretagne », 20 février 2002).
www.ccomptes.fr/FramePrinc/frame01.htm

15. Quirin Schiermeier, « Ecologists plot to turn the tide for shrinking lake », *Nature*, vol. 412, 23 août 2001, p. 756.

16. « Wetlands decline », *Vital Signs*, 2001, p. 96.

17. Food and Agricultural Organization (FAO), rapport Rome 2001.
« Forest loss unchecked », *Vital Signs*, 2002, p. 104.

18. La destruction de l'Amazonie brésilienne est revenue entre 1995 et 2000 aux mêmes niveaux que dans les années 1970-1980 : 1,9 million d'hectares par an, soit sept terrains de football par minute, selon une étude récente réalisée à partir de photos satellites de l'Institut national de recherches de l'Amazonie.

19. Des centaines de singes affamés ont pillé des plantations et dévoré des tonnes de bananes dans l'ouest de l'île indonésienne de Java, après avoir été chassés de leur habitat naturel par la déforestation. (Source : AFP, 17 septembre 2002.)
Constance Holden, « World's richest forest in peril », *Science*, vol. 295, 8 février 2002, p. 963.

20. Source : www.francophonie.org/syfia/89AGE_Foret_Marmora.htm

21. Une étude comparative entre l'agriculture biologique et l'agriculture traditionnelle menée en Suisse pendant vingt ans a montré que la fertilité est plus importante de 40 % sur un sol de culture biologique par rapport à un sol exploité par l'agriculture intensive utilisant des engrais chimiques, et de 85 % par rapport à un sol exploité de façon conventionnelle.
www.biogene.org/e/themen/biotech/e-news17.htm

22. Selon un rapport de l'Institut français de l'environnement (mai 2002), on constate notamment une dégradation des milieux naturels due aux pollutions qui ne cessent de croître. Le transport routier de marchandises est par exemple passé d'un taux de croissance inférieur à 2 % en 1997 à 3,5 % en 1998, puis à 6 % en 1999. Certes des efforts technologiques (pot catalytique...) ont permis de limiter la pollution atmosphérique, mais ces progrès ont été effacés par l'augmentation du trafic. De même, la quantité de déchets produits continue de progresser au même rythme que la consommation. Le rapport note avec sévérité : « Les problèmes majeurs auxquels nous sommes aujourd'hui confrontés restent finalement très proches de ceux qui étaient déjà cruciaux au début des années 1990 : les questions liées à l'agriculture et l'alimentation, le problème des déchets et l'explosion des transports, dont le poids dans les émissions de gaz à effet de serre ne cesse de croître. » Les gouvernements successifs ont été impuissants à maîtriser l'impact de l'agriculture intensive sur les sols, la qualité des eaux et la biodiversité. Par exemple, le nombre de sites touchés par des phénomènes de « marée verte » sur le littoral breton

(prolifération d'algues dues aux nitrates) a quasiment doublé depuis 1997. L'État a d'ailleurs été condamné le 8 mars 2001 par la Cour de justice des Communautés européennes pour n'avoir pas su veiller à la qualité des eaux en Bretagne. Il ressort surtout de ce document que le retour d'une forte croissance en France entre 1998 et 2001 s'est soldé par une dégradation de l'environnement, ce qui montre que le couple « croissance économique » et « respect de l'environnement » ne fait pas bon ménage. (Source : *Le Monde*, mai 2002.)

23. « Hostilities resumes over future of GM crops », *Nature*, septembre 2002, p. 327.
« "The biggest risk of developing genetically modified (GM) animals is that they might alter the environments" according to a new report from the National research councie [of the United States]. » (Eric Stokstad, « Environmental impact seen as biggest risk », *Science*, 23 août 2002, p. 1257 ; www.sciencemag.org.)
« Pesticide-resistant species flourish » et « OGM threatens to exasperate resistance trends », *Vital Signs*, 1999, p. 124 et 125.
« Engineered fish : friend or foe for the environment », *Science*, 13 septembre 2002, p. 1797.

24. *Le Monde*, 14 décembre 2002, p. 27.

25. AFP, 12 novembre 2002.

26. Site : www.crii-gen.org

Bibliographie

DIRECTION DE L'INDUSTRIE, *Les Pratiques des gestions polluées en France. Connaître pour agir*, Paris, Ademe éditions, 2001.
R. DUMONT, *Famines, le retour*, Paris, Politis-Arléa, 1997.

Sites Internet

www.ifen.fr (Institut français de l'environnement).
www.fao.org/iptrid/kn_syn_04/kn_syn_04.htm (The International Programme for Technology & Research in Irrigation & Drainage, sur le site du Food and Agriculture Organization [FAO], des Nations unies).

4. Une planète souillée : les écuries d'Augias

1. Daniel Lovering, « Killing fields of Laos », *Scientific American*, août 2001, p. 57-61.
   L'éradication des mines antipersonnel a considérablement progressé depuis la signature du traité d'interdiction des mines à Ottawa, en décembre 1997. Mais l'Inde et le Pakistan en posent d'une façon massive le long de leurs frontières. (Source : *Politis*, 19 septembre 2002.)
   www.handicap-international.org
   www.landmines.org

2. « A chemical weapons atlas », *The Bulletin of the Atomic Scientist*, septembre-octobre 1997.
   www.bullatomsci.org (Educational Foundation for Nuclear Science).
   www.multimania.com/armch/ (site de documentation sur les armes chimiques).
   Arsenal biologique : « Timetable for talks keeps hopes alive on bioweapons treaty (Biological and Toxin Weapons Convention, 1972) », *Nature*, 21 novembre 2002, p. 259.

3. Richard Stone, « Down to the wire on bioweapons talks », *Science*, vol. 293, 20 juillet 2001, p. 416.
   « How not to make friends », *Nature*, vol. 412, 2 août 2001 p. 463.
   Nature, 13 décembre 2001.

4. Olivier Lepick, « Armes biologiques : le jeu trouble des États-Unis », *Libération*, 7 février 2002, p. 4.
   Sites concernant l'armement en général :
   www.alsapresse.com/jdj/99/08/12/MA/article_1.html
   http://obsarm.org
   www.stratisc.org

5. « Global nuclear stockpiles 1945-2002 », *The Bulletin of the Atomic Scientist*, novembre-décembre 2002, p. 123.
   Plus de 128 000 têtes nucléaires ont été construites. Il en reste environ 20 000, dont 10 600 aux États-Unis, 8 600 en Russie, 200 au Royaume-Uni, 350 en France, 400 en Chine, moins de 200 en Inde et au Pakistan et 200 (estimation non officielle) en Israël.

6. Nathalie Nougayrède, « Bush réduit les armes nucléaires », « Comment sécuriser les stocks russes de matières nucléaires », *Le Monde*, 25 mai 2002, p. 3.
   « Nuclear arsenals shrink », *Vital Signs*, 1999, p. 116.

« Limited progress on nuclear arsenals », *Vital Signs*, 2001, p. 86.

7. Gordon Thompson, « Checks on the spread », *Nature*, vol. 318, 14 novembre 1985, p. 127-128.
www.un.org/News/fr-press/docs/2001/AGDSI274.doc.htm

8. La Norvège va aider la Russie à financer le retraitement du combustible de ses brise-glace nucléaires conservé depuis des années dans un sarcophage flottant à Mourmansk, un port russe sur la mer de Barents (nord-ouest). Par ailleurs, la société de capital-risque Nefco (Nordic Environment Finance Corporation) s'est engagée à verser 1,3 million d'euros pour ce projet, selon la même source. Nefco, qui réunit le Danemark, la Finlande, l'Islande, la Norvège et la Suède, a pour but d'aider au financement de projets environnementaux dans les pays d'Europe orientale et centrale. (Source : AFP, 24 septembre 2002.)

9. www.hanford.gov

10. http//home.breathenet.de/user/gilles.vibert/1970/I1970_3.htm

11. « Toxic waste largely unseen », *Vital Signs*, 2002, p. 112.

12. « Les effets dévastateurs des PCB dans le Grand Nord », *Le Devoir*, Montréal, 5 octobre 2002.

13. Rebecca Renner, « A case of the vapors – Ground toxins diffusing into homes prove hard to assess », *Scientific American*, juillet 2002, p. 13.

14. T. D. Beamish, *Silent Spill. The Organization of Industrial Crisis*, Cambridge (Mass.), MIT Press, 2002.
Paul Schulman, « Lessons from a slow leak », *Science*, vol. 296, 24 mai 2002, p. 1403-1404.
De 1948 à 1990, cent mille tonnes de diluents toxiques ont été injectées dans les puits de pétrole à Guadalupe Dunes, au nord de Los Angeles, pour diluer le pétrole, trop visqueux.

15. « PVC plastics pervades economy », *Vital Signs*, 2001, p. 108.

16. « Invasion by marine life on plastic debris », *Nature*, 25 avril 2002, p. 416.
Pierre Verdet, « L'inépuisable marée de déchets sur le littoral », *Ouest-France*, 31 mars 2001, p. 5.

17. « Pesticides et santé », *Isère nature*, n° 228, janvier 2002, p. 18.

18. Jean-Claude Jaillette, « Des bombes à retardement au cœur de nos villes », *Marianne*, 1er octobre 2001, p. 16-18 (à propos de l'usine AZF à Toulouse).

19. R. Crowther, « Space-junk – Protecting space for future generations », *Science*, 17 mai 2002, p. 1241.

20. « Blinded by the light »
www.lightpollution.it/dmsp
« Save starry night », *Nature*, vol. 418, 15 août 2002, p. 709.
Une association : The International Dark Sky Association.

Bibliographie

J. LEDERBERG, *Biological Weapons : Limiting the Threat*, Cambridge (Mass.), MIT Press, 1999.

5. Les animaux, nos frères

1. Genèse (I, 26-30).

2. A. Balmford *et al.*, « Economic reasons for conserving wild nature », *Science*, vol. 297, 9 août 2002, p. 950-953.

3. « How many species revisited », *Biological Journal Soc.*, 73, 279, 2001.
www.all-species.org (les auteurs de ce site ont entrepris, à l'échelle de vingt-cinq ans, de classer l'ensemble du monde vivant : animaux, végétaux et bactéries).
« Estimating the size of the world's threatened flora », *Science*, 1er novembre 2002, p. 989.

4. P. Brunel, « Marine biodiversity », Unesco, 2002.
Encyclopedia of Life Support Systems, p. 1.

5. Gilbert Chin (sous la dir. de), « How many species, revisited », *Science*, vol. 293, 3 août 2001, p. 763.

6. « A global experiment under way – Habitat loss and fragmentation are the principal drivers of biodiversity loss, notably in the tropics », *Science*, vol. 295, 8 mars 2002, p. 1835.

7. Présentée au Sommet de Rio, une liste rouge des espèces menacées d'extinction immédiate comportait 13 % des poissons, 11 % des mammifères, 10 % des amphibiens, 8 % des reptiles et 4 % des oiseaux.
www.environnement.gouv.fr

8. « Bird species threatened », *Vital Signs*, 2001, p. 98.
   Selon un rapport du Muséum national d'histoire naturelle, les effectifs d'hirondelles de fenêtre ont baissé de 84 %, ceux de la sitelle de 55 %, ceux du moineau domestique de 21 %, ceux de la pie bavarde de 61 %, ceux de la perdrix grise de 49 %.
   G. Rocamora et D. Yitman-Berthelot, *Oiseaux menacés et surveillés en France*, édité par la Ligue de protection des oiseaux, 2002.
   En 1947, un monument a été érigé dans le parc national de Wyalusing par la Société d'ornithologie du Wisconsin, à la mémoire du pigeon migrateur, disparu à jamais de notre planète.

9. Convention de Washington sur les espèces menacées, Cites (www.cites.org).

10. *Time Magazine*, novembre 1997, p. 24.

11. www.lefigaro.fr/perm/afp/sci/021021084246.n9kb76jw.html (massacre des éléphants au Congo).

12. « Lions in trouble », *Science*, vol. 294, 9 novembre 2001, p. 1275.
   « Lions in peril – The future looks bleak for Africa's big cats », *New Scientist*, 3 novembre 2001, p. 7.

13. Selon une étude du Centre d'études sur le Nord à Churchill (CNSC), à Manitoba, au Canada, la population des ours polaires autour de la baie d'Hudson, estimée à plus d'un millier d'unités, est en grand danger. « En vingt ans, la date de la débâcle des glaces dans la baie d'Hudson a été avancée de deux semaines en moyenne », et en automne elles se forment une semaine et demie plus tard. Or les ours blancs ont besoin de la glace pour se nourrir, en chassant phoques annelés ou barbus sur la banquise. « Une semaine de moins passée sur la glace à s'alimenter est un manque à gagner pour l'ours de 10 kilos en réserves de graisse », un élément essentiel à sa survie pendant les quelque cinq mois d'été et d'automne où il est forcé de jeûner.

14. www.bonoboducongo.free.fr

15. Lors de la réunion de la Commission baleinière internationale en 2002, et malgré la très forte pression des pays chasseurs emmenés par le Japon, aucune avancée ne leur a été accordée.
   Le Mexique vient de créer un espace de refuge aquatique de 3 millions de kilomètres carrés (six fois la France) pour protéger les baleines (lettre de l'ambassadeur du Mexique au ROC, 22 juillet 2002) (www.roc.asso.fr).

16. La marine américaine prépare un projet d'émetteur d'ondes acoustiques à basse fréquence pour détecter les sous-marins ennemis. Déployé sur 80 % des océans, cet instrument pourrait causer de graves dommages à tous les animaux marins qui se servent de leur audition délicate pour trouver leur nourriture, naviguer et communiquer entre eux. (Source : Wendy Williams, « Sounds Judgments – Will a powerful new navy sonar harm whales ? », *Scientific American*, octobre 2001, p. 12.) Néanmoins, ce projet a été rejeté temporairement par un juge fédéral à San Francisco (*Science*, 8 novembre 2002, p. 1155).

17. Pierre Barthélémy, « Les bélugas du Saint-Laurent », *Le Monde*, 13 avril 2002, p. 28.

18. Catherine Perrin, « Le phoque moine », *Panda Magazine*, WWF, n° 86, septembre 2001, p. 13.
Par ailleurs, le 15 novembre 2002, le Conseil du comté de Maui, à Hawai, a voté à l'unanimité une loi interdisant l'exhibition de baleines et de dauphins en captivité.

19. Martin Arnould, « Le saumon atlantique », *Panda Magazine*, WWF, *ibid.*, p. 16-17.
Le saumon atlantique vit ses premières années en rivière puis rejoint le Groenland ; ensuite il remonte sa rivière natale.
À cause des barrages, de la pollution et de la surpêche, cette population a régressé de 78 % ces dernières années. En France il a totalement disparu de certains bassins (Dordogne, Garonne, Meuse, Moselle, Seine, Tarn). Mais, bonne nouvelle, grâce à des programmes de réintroduction, on le retrouve aujourd'hui dans la Loire, le Rhin et l'Elbe. (Source : Prague, AFP, 1er novembre 2002.)

20. La proportion mondiale des coraux sévèrement endommagés est passée de 10 % en 1992 à 27 % en 2000. Ils sont sérieusement touchés par l'activité humaine : pêche à la dynamite, récoltes pour aquariums.
Quand l'eau augmente d'un seul degré, à la suite d'événements comme El Niño, les organismes microscopiques qui vivent en symbiose avec les coraux sont expulsés et les coraux blanchissent.
« World's coral reefs dying off », *Vital Signs*, 2001, p. 92.
« Survey confirms coral reefs are in peril », *Science*, 6 septembre 2002, p. 1622.
« Coral campaign gets massive funding boost », *Nature*, vol. 410, 22 mars 2001, p. 402.

21. Le nombre d'hippocampes a considérablement diminué ces dernières années en raison de leur surexploitation. Les prises ont progressé de 25 à 75 % entre 1990 et 1995 dans les principaux pays qui les commercialisent (Inde, Indonésie, Thaïlande et Philippines). L'hippocampe est utilisé en médecine traditionnelle, vendu séché comme bibelot ou vivant pour les aquariums.

22. Constance Holden (sous la dir. de), « Ocean R_x », *Science*, vol. 295, 8 mars 2002, p. 1827.
Panda Magazine, WWF, janvier 2002, n° 27, p. 12.
Les tortues, d'Asie dans leur majorité, ont vu ces dernières années leur nombre diminuer dans des proportions inquiétantes en raison de l'exploitation commerciale effrénée et des captures illégales dont elles font l'objet. Certaines sont particulièrement appréciées en tant que produits alimentaires ou pour leurs vertus médicinales, d'autres comme animaux de compagnie. Le plus grand territoire mondial de ponte, sur les plages de Malaisie, a diminué de 99 %.
Selon Eric Niller (« The trouble with Turles », *Scientific American*, janvier 2001, p. 71-75), les tortues en Baja California sont tombées de 1 290 en 1990 à 145 en 2000.
Plusieurs dizaines de tortues marines meurent au large de la France métropolitaine du fait surtout de l'ingestion de déchets plastiques. (Source : www.wwf.fr.)
Un total de vingt-six espèces de tortues, risquant pour la plupart de disparaître, ont été incluses dans l'annexe 2 (« Commercialisation contrôlée ») de la Cites.

23. En 1860, le Sierra Club, aux États-Unis, fut la première ONG de défense de la nature et, en 1872, le parc Yellowstone devint le premier grand parc naturel gouvernemental.

24. Soixante et onze bovins ont été récemment abattus à cause de l'ingestion de plomb de chasse en provenance d'un ball-trap voisin. (Source : David Côme, « Val-d'Izé : 71 bovins doivent être abattus – Les animaux victimes de l'ingestion de plombs de chasse », *Ouest-France*, 11 avril 2002, p. 7.)

25. Une étude a été menée auprès de 2 000 enfants afin de savoir s'ils avaient déjà participé à une partie de chasse : oui pour 16,5 % des garçons et 4,5 % des filles. Or, seulement 11,5 % de l'ensemble de ces enfants qui ont répondu oui affirmaient aimer la chasse.

26. *Animal People*, mai 2002.

27. Reconnaissant la cruauté avec laquelle les animaux (renards, lièvres) sont tués et déchiquetés par les mâchoires des chiens dressés, les membres du Parlement d'Écosse ont voté le 14 février 2002 contre cette chasse. (Source : International Fund for Animal Welfare, février 2002.)

28. Groenland : http://cphpost.periskop.dk/default.asp ?id=19095

29. Le 17 mai 2002, le Parlement allemand s'est prononcé à l'unanimité en faveur d'une meilleure protection animale. « L'État prend la responsabilité de protéger les bases normales de la vie et des animaux dans l'intérêt des futures générations. »
   Création, en Grande-Bretagne, le 22 avril 2002 du National Criminal Intelligence Service (NCIS), qui a pour mission la lutte contre le crime organisé à l'encontre des animaux sauvages, au niveau aussi bien national qu'international.

30. En Italie, un sondage effectué à la demande de la Ligue pour l'abolition de la chasse aux petits oiseaux révèle que 87 % des personnes interrogées sont opposées à cette chasse.

Bibliographie

J.-P. DELÉAGE, *Histoire de l'écologie*, Paris, La Découverte, 1991.
É. de FONTENAY, *Le Silence des bêtes*, Paris, Fayard, 1998.
« L'animal, l'homme », *Alliage*, n° 7-8, 1991.

Site Internet

www.sciencemag.org (site de la revue *Science Magazine*, États-Unis, publiée par The American Association for the Advancement of Science with assistance of Stanford University's Highwise Press).

6. Le spectre de la misère planétaire

1. En 2002, le congrès de la FAO faisait état de huit cent quinze millions de personnes victimes de malnutrition.
   « Hydrological poverty worsening : one fifth of humanity has no access to a safe water supply and 2/5 has inadequate sanitation », *Vital Signs*, 2001, p. 94.

2. Dominique Vidal, « Le vrai visage de la "mondialisation heureuse" », *Le Monde diplomatique*, n° 42, novembre-décembre 1998, p. 25-26.
   Rapport mondial sur le développement humain, Paris, Economica, 1998.

3. Ismail Serageldin, « World poverty and hunger – The challenge for science », *Science*, vol. 296, 5 avril 2002, p. 54-58.
« Poor to feel pinch of rising fish prices », *Science*, 8 novembre , p. 1154.

4. « Refuges migrant and refugees on the move », *Vital Signs*, p. 142.
La Nouvelle-Zélande s'apprête à accueillir les 11 000 habitants des îles Tivalu à cause de la montée du niveau océanique. Sont aussi concernés l'archipel de Kiribati (300 000 habitants) et les fameuses Maldives, joyau touristique. (Source : *Science et Vie*, septembre 2002, p. 100.)

5. Marie Beuzard et Marina Julienne, « Faut-il créer un statut d'éco-réfugié ? », *Science et Vie*, septembre 2002, p. 168-171.

6. Worldwatch Institute, *L'État de la planète*, Paris, Economica, 2001, p. 24.

7. Bjørn Lomborg, *The Skeptikal Environnementalist. Measuring the Real State of the World*, Cambridge, Cambridge University Press, 2001.

8. Selon la World Health Organization, seulement 5 % des dépenses de recherche biomédicale portent sur les maladies affectant 95 % des gens pauvres.

9. *Rapport du Programme des Nations unies pour le développement*, Cedres, 2001.

10. « AIDS erodes decades of progress », *Vital Signs*, 2001.

11. Autour de 45 ans au lieu de 67 ans en moyenne, et en baisse depuis 1990 ; voir « Life expectancy in Africa », *Vital Signs*, 1999, p. 100.

12. L'acharnement de certains groupes religieux à défendre leurs convictions sur l'enjeu du planning familial, jusqu'aux plus hautes sphères du pouvoir, est une des sources de notre « sous-développement durable » mondial.

13. Mai 2002 : le Programmc des Nations unies pour l'environnement publie son « Troisième rapport sur l'avenir de l'environnement mondial ».

14. D. Cohen, *Le Monde*, 6 octobre 2002.

15. « Nous sommes assis sur un volcan », *Le Monde*, 16 septembre 2001.

16. « Le monde riche, indifférent au drame de la faim », *Libération*, 14 juin 2002, p. 2-3.
Martine Laronche, « Plus d'un humain sur huit a faim – la malnutrition ne recule que très lentement », *Le Monde diplomatique 2*, juillet-août 2002, p, 101.

17. « Comment les subventions américaines ruinent l'Afrique », *Courrier international*, 18 septembre 2002.

18. En moyenne 40 % dans les pays pauvres ; en Afrique subsaharienne, 80 % du produit national. Deux mille milliards de dollars, soit 300 dollars par personne (*Vital Signs*, 1999, p. 66).
   « Third world debt still rising », *Vital Signs*, 1999, p. 66.

19. « Foreign aid spending falls », *Vital Signs*, 2002, p. 118 (0,22 % GNP).

7. Agir

1. Un congrès international à thème écologique a tenu ses assises au Muséum national d'histoire naturelle de Paris en juin 1923. Les progrès les plus sensibles dans l'entre-deux-guerres sont dus avant tout aux ornithologues, à commencer par la création du Comité international pour la protection des oiseaux (Cipo) à Londres, en juin 1922.
   Les États d'Amérique du Nord ont élaboré un traité des oiseaux migrateurs en 1937 et une Convention interaméricaine pour la protection de la flore, de la faune et des beautés panoramiques naturelles, en 1940. La plupart des grandes associations mondiales de protection de l'environnement, comme Greenpeace ou le WWF, sont nées au cours des années 1960-1970.

2. Quelques dates significatives :
   – juin 1972 : la déclaration de la Conférence mondiale de l'environnement de Stockholm vise à protéger la nature pour les générations futures ;
   – 1984 : l'ONU crée la Commission mondiale de l'environnement, dirigée par la Norvégienne Gro Harlem Bruntland. Son rapport paraît en 1987 ;
   – août 1987 : les gouvernements signent le protocole de Montréal pour la protection de la couche d'ozone. Il est appliqué en janvier 1989 ;
   – juin 1992 : le Sommet de la Terre se tient à Rio de Janeiro ;
   – juin 1994 : les gouvernements signent la convention de lutte contre la désertification au siège de l'Unesco, à Paris ;
   – décembre 1997 : Conférence de Kyoto sur le changement climatique. Protocole sur la réduction des gaz à effet de serre ;
   – 2000 : le protocole de Carthagène (Espagne) sur la prévention des risques technologiques est adopté ;
   – août 2002 : Sommet de la Terre à Johannesburg.

3. Le protocole de Rio imposait une réduction de 6 % des émissions de gaz carbonique à l'échelle mondiale. Une étape bien modeste face à un rapport de l'ONU qui établissait qu'une stabilisation des climats exigerait une réduction

de 60 à 80 %. En fait, on a enregistré une augmentation mondiale de 9 % entre 1992 et 2001 (18 % aux États-Unis) avec, de surcroît, l'abandon du protocole par les États-Unis, responsables à eux seuls de 24 % des émissions mondiales. Face au problème très important de la gestion de l'eau, on créa à Rio l'« agenda 21 » pour prendre en charge l'utilisation des ressources en eau, veillant particulièrement sur l'approvisionnement des pays pauvres. Les résolutions de Rio prévoyaient une réduction majeure de la mortalité due à la diarrhée et à la rougeole. Des progrès ont eu lieu, mais nous sommes loin des attentes.

4. « Global Environment Outlook-3 », le rapport du Programme des Nations unies pour l'environnement (22 mai 2002), ne contient pas que des mauvaises nouvelles :
   – en dix ans, huit cents millions de personnes ont bénéficié d'un meilleur approvisionnement en eau ;
   – aujourd'hui il y a cinq fois plus de surfaces protégées qu'il y a dix ans ;
   – un moratoire sur la chasse à la baleine permet à plusieurs espèces de se repeupler.

5. Au Canada, la détérioration des eaux des Grands Lacs a donné l'alarme à la fin des années 1960. Beaucoup trop de phosphates s'y accumulaient. Le gouvernement fédéral a adopté, en 1972, une loi limitant à 5 % la présence des phosphates dans les détergents.

6. Pour lutter contre le smog, qui ne se forme généralement qu'au-dessus de 25 °C, la ville de Chicago a décidé de placer deux mille plantes sur le toit de son hôtel de ville. Résultat : une baisse de température locale de 5 °C.
   La mairie de Toronto monte à l'assaut des toits de la ville pour en faire des oasis de verdure afin de faire échec à la pollution et aux vagues de chaleur, qui y sont de plus en plus longues et fréquentes pendant l'été. (Source : AFP, 30 octobre 2002.)
   À ce sujet, nous pouvons saluer les efforts du maire de Paris, Bertrand Delanoë.

7. Sites Ramsar : www.detr.gov.uk

8. Ces efforts pourtant ne font souvent que déplacer le problème vers d'autres pays. La Chine et les Philippines favorisent l'importation de bois aux effets destructeurs en provenance de pays voisins comme le Cambodge, l'Indonésie, la Birmanie et la Russie.
   C. Brown, P. Durst et T. Enters, « Effectiveness of logging bans in natural forests in Asia-Pacific », FAO.

9. www.futura-sciences.com/news550.php

10. La population des mérous a nettement augmenté dans les eaux protégées de Port-Cros, l'une des îles d'Hyères. En 1973, on dénombrait une dizaine de mérous, localisés dans le sud de l'île. Vingt ans plus tard, 85 de ces poissons étaient repérés autour de Port-Cros ; ils étaient quelque 300 en 1999.

11. Un article du *Wall Street Journal* raconte qu'à l'est du Texas une noria de camions a apporté jour après jour plus de 550 000 pins qui permettront de reboiser une partie des prairies en friche. Le projet, d'un montant équivalent à 2,8 millions d'euros, est entièrement financé par une multinationale franco-italienne.

12. Les objectifs de Bio-coop : « Pour une agriculture respectueuse de l'environnement, qui protège les sols, qui consomme peu d'énergie fossile, qui n'utilise pas de produits chimiques de synthèse, qui préserve les ressources à long terme, qui est source de santé pour l'homme, qui est créatrice d'emplois dans le secteur en difficulté.
    Par des relations du producteur au consommateur, basées sur la solidarité, dans le respect des intérêts et des exigences de chacun.
    Par une politique sociale axée autour de la responsabilité et la convivialité.
    Par une participation active dans les instances nationales et régionales de l'agriculture biologique.
    Par des échanges commerciaux avec les pays du tiers-monde qui n'accentuent pas leur sous-développement et assurent leur autonomie.
    Par la transparence des objectifs poursuivis, des règles de fonctionnement et des résultats obtenus afin de maintenir un climat de confiance entre tous les partenaires.
    Par une sensibilisation aux réalités des conditions de production et de distribution les conduisant à une démarche écologique. »

13. « Bangladesh's poisoned wells – Scientists and government officials bear collective responsability for an unfolding tragedy », *Nature*, vol. 413, 11 octobre 2001, p. 551.

14. « Le Brésil et la Banque mondiale ont signé un accord, en marge du Sommet de la Terre, qui doit permettre de tripler la superficie de la partie protégée de la forêt amazonienne. La zone protégée est portée à 50 millions d'hectares, représentant 3,6 % des forêts tropicales dans le monde.
    Avec 5,5 millions de kilomètres carrés, le territoire amazonien recouvre plus de 60 % du Brésil, soit l'équivalent de l'Europe occidentale ». (Source : Johannesburg, AFP, 3 septembre 2002.)

Les autorités malgaches s'apprêtent à promulguer un décret interdisant toute exploitation et exportation de bois pendant six mois. Motif : des opérateurs économiques peu scrupuleux exportent à grande échelle les bois précieux.

15. Des mesures plus énergiques, telle la création d'une police spécialisée, doivent être adoptées pour contrôler le commerce illégal d'animaux et de plantes en danger d'extinction, a déclaré un haut responsable de la Cites, dont la XIIe conférence s'est déroulée à Santiago. (Source : *Santiago*, vol. 293, 31 août 2001, p. 1579-1580.)

16. www.commerceequitable.org (plate-forme pour le commerce équitable). www.artisansdumonde.org (Artisans du monde est un groupement de coopératives, de fournisseurs et de distributeurs).

17. Voici les mesures les plus urgentes, selon Mikhaïl Gorbatchev, aujourd'hui fondateur et président de l'association Green Cross International, ONG créée en 1993 à la suite du Sommet de Rio :
– reformer l'ONU et la doter d'un vrai pouvoir exécutif pour faire appliquer ses décisions ;
– ratifier sans délai les protocoles relevant du désarmement, de l'abolition des armes, de la réduction des gaz à effet de serre, de la sauvegarde de la biodiversité, de la désertification et de l'accès à l'eau ;
– réduire la dette des pays pauvres ;
– intégrer dès le début la préservation de l'environnement dans tous les nouveaux plans de développement économique.

18. À portée de notre main ! Ne pas laisser ses appareils ménagers en veille, utiliser des ampoules à économie d'énergie, jardiner et consommer « bio » autant que possible, limiter ses déplacements en voiture, acheter des véhicules économes en essence et réduire la vitesse.
À l'exemple des accords de Kyoto, il importe de créer le plus tôt possible une entente internationale pour restreindre la fabrication de voitures voraces. On fabrique aujourd'hui des voitures parfaitement utilisables qui brûlent à peine 3 litres aux 100 kilomètres, alors que la moyenne sur nos routes est de 12 litres aux 100 kilomètres. Et taxer davantage les dépenses d'essence associées aux loisirs (courses automobiles, navigation de plaisance…). On pourrait, par exemple, comme pour les cigarettes, exiger que les textes publicitaires des voitures incluent la mention · « La surconsommation d'essence est une menace pour la planète ».
On peut aussi privilégier les produits respectueux de l'environnement, ne pas

porter de fourrures autres que synthétiques, freiner l'utilisation des sacs en plastique, bien isoler sa maison... Autant d'initiatives individuelles qui, multipliées, peuvent avoir des résultats significatifs.

Plantes en danger : une fraction importante des plantes en danger se trouve dans les régions à haute densité de population (terrains vagues, jardins municipaux). Une action coordonnée consisterait à obtenir des renseignements par les botanistes, à enlever les plantes indésirées qui pourraient leur nuire, à évaluer les populations, à coordonner les opérations de collecte, d'archivage. (Source : M. W. Schwartz, N. Jurjavcic et J. O'Brien, « You can help rare plants survive in the cities », *Nature*, vol. 411, 28 juin 2001, p. 991-992.)

Respecter les écosystèmes : en enlevant trop de bois mort dans nos jardins et forêts, on met en danger de nombreux écosystèmes. Les bois pourrissants jouent un rôle crucial sur la terre et dans l'eau. Ils suscitent des chaînes d'interactions biotiques et sont des oasis de nourriture. Les arbres morts sont habités d'abord par des champignons, des bactéries et des vers, puis par des pics bois, des mésanges, des oiseaux-bleus et encore des écureuils. Les martres et les chauves-souris habitent les nids abandonnés par les pics. Quand les bûcherons « nettoient » les sous-bois, les hibous et les saumons (qui utilisent l'odeur du bois pourrissant dans l'eau) sont en danger. (Source : Defending dead wood », *Science*, 31 août 2001.)

Groupe de discussion : www.egroups.com/group/dead_wood

19. De nombreux organismes existent, qui ont entrepris des actions concrètes. Voici quelques adresses.
    – www.fne.asso.fr (France Nature Environnement : fédération qui regroupe plus de 3 000 associations) ;
    – www.roc.asso.fr (Ligue pour la préservation de la faune sauvage) ;
    – www.wwf.org (World Wide Fund for Nature) ;
    – www.greenpeace.org (Greenpeace) ;
    – www.eausecours.org (« Eau Secours ! », Canada) ;
    – www.americana.org (Americana, le salon des technologies environnementales des Amériques).

20. Frédéric Lenoir, *Le Temps de la responsabilité*, Paris, Fayard, 1991, Postface, p. 260.

21. Hans Jonas, *Le Principe de responsabilité*, Paris, Cerf, 1990.

Bibliographie

G. C. Daily et K. Ellison, *The Quest to Make Conservation Possible*, Washington, Island Press, 2002.

N. Hulot et le Comité de veille écologique, *Combien de catastrophes avant d'agir ?*, Paris, Éditions du Seuil, 2002.

Sites Internet

www.fnh.org (Fondation Nicolas Hulot).

http://observatoire.thalys.com/fr/home.cfm (site de l'observatoire Thalys International : connaître et faire connaître le quotidien des Européens).

www.futura-sciences.com/news550.php (*Futura-Sciences*, France (webzine sur les sciences et les nouvelles technologies).

www.nature.com (site du magazine *Nature*).

www.ipcc.ch (Intergovernmental Panel on Climate Change).

www.iucn.org (World Conservation Union).

www.world-watch.org (World Watch Institute).

Table

Ouvrages de Hubert Reeves

Évolution stellaire et Nucléosynthèse
Gordon and Breach/Dunod, 1968

Soleil
en collaboration avec J. Véry,
E. Dauphin-Lemierre et les enfants d'un CES
La Noria, 1977
Réédition : La Nacelle, 1990

Patience dans l'azur
Seuil, « Science ouverte », 1981
et « Points Sciences », 1988 (nouvelle édition)

Poussières d'étoiles
Seuil, « Science ouverte », 1984 (album illustré)
et « Points Sciences », 1994 (nouvelle édition)

L'Heure de s'enivrer
Seuil, « Science ouverte », 1986
et « Points Sciences », n° 84, 1992

Malicorne
Seuil, « Science ouverte », 1990
et « Points », 1995

Poussières d'étoiles. Hubert Reeves à Malicorne
Cassette vidéo 52 min.
Vision Seuil (VHS SECAM), 1990

Comme un cri du cœur
ouvrage collectif
L'Essentiel, Montréal, 1992

Compagnons de voyage
en collaboration avec J. Obrénovitch
Seuil, « Science ouverte », 1992 (album illustré)
et « Points », 1998 (nouvelle édition)

Dernières Nouvelles du cosmos
Seuil, « Science ouverte », 1994
et « Points Sciences », 2002 (nouvelle édition)

La Première Seconde
Seuil, « Science ouverte », 1995
et « Points Sciences », 2002 (nouvelle édition)

L'espace prend la forme de mon regard
Myriam Solal, 1995
L'Essentiel, Montréal, 1995
Seuil, 1999, « Points », 2002

La Plus Belle Histoire du monde
(en collaboration avec Y. Coppens, J. de Rosnay, D. Simonnet)
Seuil, 1996
et « Points », 2001

Intimes convictions
Paroles d'Aube, 1997
La Renaissance du livre, 2001

Oiseaux, merveilleux oiseaux
Seuil, « Science ouverte », 1998

Noms de dieux
(entretiens avec Edmond Blattchen)
Stanké, Montréal, et Alice éditions, Liège, 2000

L'Univers
CD à voix haute, Gallimard, 2000

Sommes-nous seuls dans l'univers ?
(en collaboration avec N. Prantzos, A. Vidal-Madjar, J. Heidmann)
Fayard, 2000
Le Livre de poche, 2002

Hubert Reeves, conteur d'étoiles
documentaire écrit et réalisé par Iolande Cadrin-Rossignol,
Office national du film canadien, 2002

Chroniques du ciel et de la vie
Seuil / France Culture, 2005

Principaux ouvrages de Frédéric Lenoir

Le Temps de la responsabilité
Fayard, 1991

Encyclopédie des religions
(2 vol. sous la dir. de, avec Ysé T. Masquelier)
Bayard, 1997 et « Bayard Compacts », 2000

Sectes, mensonges et idéaux
(avec N. Lucas)
Bayard, 1998

Entretiens sur la fin des temps
(avec J.-C. Carrière, J. Delumeau, U. Eco, et S. J. Gould)
Fayard, 1998 et Pocket, 2000

Le Bouddhisme en France
Fayard, 1999

La rencontre du bouddhisme et de l'Occident
Fayard, 1999 et Albin Michel, 2001

Le Moine et le Lama
(entretiens avec Dom Robert le Gall et Lama Jigmé Rinpoché)
Fayard, 2000 et Le Livre de poche, 2003

Le Secret
(conte philosophique)
Albin Michel, 2001 et Le Livre de poche, 2003

L'Épopée des Tibétains
(avec L. Deshayes)
Fayard, 2002

Le Livre des sagesses
(sous la dir. de, avec Ysé T. Masquelier)
Bayard, 2002

Les Métamorphoses de Dieu
Plon, 2003

La Promesse de l'ange
Albin Michel, 2004

La Mort et l'Immortalité
(maître d'œuvre)
Bayard, 2004

RÉALISATION : CURSIVES À PARIS
IMPRESSION : NORMANDIE ROTO IMPRESSION S.A.S. À LONRAI
DÉPÔT LÉGAL : MARS 2005. N° 79064 (05-0337)
IMPRIMÉ EN FRANCE